Produção gráfica
Conceitos básicos para criação de projetos visuais

ADMINISTRAÇÃO REGIONAL DO SENAC NO ESTADO DE SÃO PAULO

Presidente do Conselho Regional
Abram Szajman

Diretor do Departamento Regional
Luiz Francisco de A. Salgado

Superintendente Universitário e de Desenvolvimento
Luiz Carlos Dourado

EDITORA SENAC SÃO PAULO

Conselho Editorial
Luiz Francisco de A. Salgado
Luiz Carlos Dourado
Darcio Sayad Maia
Lucila Mara Sbrana Sciotti
Luís Américo Tousi Botelho

Gerente/Publisher
Luís Américo Tousi Botelho

Coordenação Editorial
Verônica Pirani de Oliveira

Prospecção
Andreza Fernandes dos Passos de Paula
Dolores Crisci Manzano
Paloma Marques Santos

Administrativo
Marina P. Alves

Comercial
Aldair Novais Pereira

Comunicação e Eventos
Tania Mayumi Doyama Natal

Edição e Preparação de Texto
Karen Daikuzono

Coordenação de Revisão de Texto
Marcelo Nardeli

Revisão de Texto
Rebeca Fleury Kuhlmann

Coordenação de Arte e Projeto Gráfico
Antonio Carlos De Angelis

Editoração Eletrônica e Capa
Tiago Filu

Imagens
Adobe Stock

Impressão e Acabamento
Visão Gráfica

Proibida a reprodução sem autorização expressa.
Todos os direitos desta edição reservados à

Editora Senac São Paulo
Av. Engenheiro Eusébio Stevaux, 823 – Prédio Editora – Jurubatuba
CEP 04696-000 – São Paulo – SP
Tel. (11) 2187-4450
editora@sp.senac.br
https://www.editorasenacsp.com.br

© Editora Senac São Paulo, 2024

Dados Internacionais de Catalogação na Publicação (CIP)
(Simone M. P. Vieira – CRB 8ª/4771)

Rodrigues, Anderson
    Produção gráfica: conceitos básicos para criação de projetos visuais / Anderson Rodrigues, Bárbara Jacqueline Soares Milano, Camila Lima Araújo, Thiago Ferreira Negretti. – São Paulo : Editora Senac São Paulo, 2024.

    Bibliografia.
    ISBN 978-85-396-4550-3 (Impresso/2024)
    e-ISBN 978-85-396-4552-7 (ePub/2024)
    e-ISBN 978-85-396-4551-0 (PDF/2024)

    1. Produção de imagem 2. Direito intelectual 3. Imagem Bitmap 4. Vetorização I. Milano, Bárbara Jacqueline Soares. II. Araújo, Camila Lima. III. Negretti, Thiago Ferreira. IV. Título.

24-2159r   CDD – 760
                                            BISAC DES007000

Índice para catálogo sistemático:
1. Artes gráficas e impressão   760

Anderson Rodrigues
Bárbara Jacqueline Soares Milano
Camila Lima Araújo
Thiago Ferreira Negretti

Produção gráfica
Conceitos básicos para criação de projetos visuais

Editora Senac São Paulo – São Paulo – 2024

Sumário

Apresentação | 7

Planejamento: reflexão, organização e legislação | 9

Artista, eu? Elaborações sobre atuar na produção de imagens | 10
À minha volta: conceitos para uma breve história da arte | 12
    A subjetividade do artista | 23
Mas quem é o dono dessa imagem? Direito de imagem e da propriedade intelectual | 26
Briefing, brainstorm e painel semântico: etapas da construção de um projeto visual | 30
    Briefing | 33
    Brainstorm | 35
    Painel semântico (ou moodboard) | 37
Considerações finais | 41

Imagem bitmap | 43

O que é um pixel? | 44
    Resoluções | 45
O que é uma imagem bitmap? | 46
Processos de revelação, correção e restauração de imagens | 48
    Revelação | 48
    Correção e restauração de imagens | 54
Tratamento com referências fotográficas | 59
    Referências de colorização | 60
    Harmonia de cores | 61
    Referências de exposições | 68
Fusão e manipulação de imagens | 69
    Definição do conceito | 69
    Busca e pesquisa por imagens | 70
    Composição | 73
Considerações finais | 77

Vetorizando | 79

O que é vetor | 80

    Vantagens de uso de vetor | 83
    Vetorização | 85
    Softwares | 87
    Extensões | 88

Linha, curva e formas | 90

    Pontos de ancoragem, alças de apoio e ferramentas de edição | 91
    Linhas, curvas de Bézier e formas | 93

Cor e preenchimento | 98

    A cor e o círculo cromático | 99
    Matiz, saturação e luminosidade | 101
    Composição | 101
    Sistema de cores | 102

Tipografia | 104

    Que fonte devo usar? | 105
    Estilo, categoria e família | 106
    Anatomia e espaçamento | 110
    Vetorizando texto | 112

Considerações finais | 113

Produzindo um projeto visual | 115

O que é um projeto visual? | 116
Possibilidades e mercado de trabalho | 117
Projetando | 119

    Briefing de identidade visual, brainstorm e painel semântico | 120
    Conceito | 129
    Construindo o manual da identidade visual | 136

Considerações finais | 151

Referências | 153

Sobre os autores | 157

Apresentação

O mundo do design gráfico e da criação de imagens digitais é vasto e dinâmico, exigindo habilidades técnicas e criatividade para alcançar resultados inovadores. Nesse contexto, esta obra oferece uma abordagem prática e abrangente, permeando fundamentos básicos, técnicas avançadas e sua aplicação no mercado de trabalho. Destaca-se por sua relevância para profissionais e estudantes da área, fornecendo conceitos teóricos e orientações para o desenvolvimento de projetos visuais de qualidade, com base na combinação de conceitos históricos, legais e técnicos, e com uma linguagem didática que facilita a compreensão e a aplicação dos conteúdos apresentados. Isso torna este livro não apenas uma fonte de informação, mas também um guia básico para aqueles que buscam aprimorar suas habilidades e se destacar no campo do design gráfico.

Produção gráfica: conceitos básicos para criação de projetos visuais começa com tópicos importantes para uma atuação plena na criação de imagens digitais. O capítulo inicial percorre brevemente aspectos relevantes da história da arte, buscando estimular o desenvolvimento de um repertório amplo, e apresenta questões preponderantes, como a legislação do direito de autor e de direito de uso de imagem, além de etapas essenciais para o planejamento em produção gráfica, como briefing, brainstorm e painel semântico (moodboard).

Já o segundo capítulo traz as principais etapas do processo de edição de imagens bitmap, com dicas e referências visuais de como obter bons resultados em cada uma delas. O conteúdo parte do básico, como explicações a respeito de medidas, pixels e bitmaps, para em seguida abordar o processo de edição completo, desde conceitos como iluminação, nitidez e saturação até tópicos mais complexos, incluindo restauração, correção e colorização. Também é abordada a fusão de imagens (isto é, como podemos criar uma imagem por meio da combinação de várias), apresentando-se as principais etapas para que a imagem fique integrada e convincente.

Posteriormente, o terceiro capítulo mergulha na essência do design gráfico, desvendando as potencialidades e aplicações cruciais das ferramentas vetoriais. O capítulo se inicia destacando a habilidade de trabalhar com vetores como uma ferramenta poderosa, conferindo flexibilidade e escalabilidade que transcendem o mero processo criativo, garantindo uma identidade visual profissional, e preservando a nitidez e legibilidade em diferentes contextos e materiais. A versatilidade da caneta (pen tool), aliada a conceitos como curvas de Bézier, permite explorar criações complexas, conferindo agilidade e suavidade aos desenhos. A escolha criteriosa das cores também é abordada como um elemento importante na construção da identidade visual, devendo-se sempre verificar a finalidade do projeto ao selecionar diferentes sistemas de cor, como RGB e CMYK. A tipografia, outro pilar do design gráfico, e a influência estética e funcional que ela traz ao projeto também são tratadas nesse capítulo.

Por fim, o quarto e último capítulo apresenta o diversificado cenário do mercado de trabalho relacionado aos projetos visuais, fundamental para compreender a amplitude de suas ramificações. Além disso, são retomados conceitos discutidos nos capítulos anteriores, como briefing, painel semântico, tipografia e cores, evidenciando sua importância na execução eficaz de um projeto visual. Esses elementos não apenas influenciam a estética final, mas também transmitem a essência e os valores da marca/projeto. Para exemplificar esse processo, o capítulo demonstra a criação de uma estrutura de projeto visual; isso proporciona uma visão prática de como esses conceitos são aplicados, desde a leitura do briefing até as aplicações do projeto, culminando em uma representação visual coesa e impactante.

A escrita coletiva desta obra buscou a construção não apenas de uma fonte de referência, mas também de um companheiro confiável ao longo de sua jornada no campo do design gráfico e da criação de imagens digitais. Uma compreensão sólida dos princípios fundamentais permite que você aplique esse conhecimento de maneira eficaz em suas práticas profissionais. A obra inspira a criatividade e o pensamento crítico, incentivando o desenvolvimento de projetos visuais inovadores e impactantes.

CAPÍTULO 1

Planejamento: reflexão, organização e legislação

Quando acometidos pelo ímpeto da criação, muitos relacionam com algo sobrenatural, gerado por uma inspiração divina. Dom e talento são palavras comumente associadas a profissões que exigem de nós a criatividade, não é mesmo? Mas saiba que boa parte da sua inspiração provém de seu repertório e de sua habilidade de refletir e organizar as ideias – e isso será preponderante no gesto de criar. Prepare-se, porque, de fato, será 1% inspiração e 99% transpiração.

Releitura de detalhe de *A criação de Adão* (c. 1511), afresco de Michelangelo localizado na Capela Sistina, no Vaticano.

ARTISTA, EU? ELABORAÇÕES SOBRE ATUAR NA PRODUÇÃO DE IMAGENS

Sendo a computação gráfica uma área da ciência da computação que se dedica ao desenvolvimento de imagens produzidas por meio do computador, cabe aqui a reflexão sobre o papel do desenvolvedor enquanto um criador de imagens. Seria essa pessoa também um artista?

Buscando um entendimento comum para essa palavra tão complexa como é a "arte", se a entendermos como uma expressão de nossa subjetividade produzindo conscientemente "obras" por meio de linhas, formas, cores, etc., compreendemos um pouco mais a relevância do nosso papel enquanto criadores de imagens. Desse modo, é possível entender as técnicas que apresentaremos ao longo desta obra como ferramentas que nos auxiliarão com as nossas escolhas enquanto sujeitos. É importante esclarecer aqui que estamos focando especialmente nas artes visuais, sem, contudo, subtrair a significância de outras linguagens dentro do espectro da arte (como, entre tantas outras, a música, a dança e o teatro).

A pergunta é complexa e permeia uma rede de assuntos interligados à questão. Ricardo Ohtake, em seu capítulo "O que é ser designer gráfico hoje", da obra *O valor do design* (ADG Brasil, 2003), cita um texto de Ana Luísa Escorel para o jornal *Folha de S.Paulo*, no qual ela traz a expressão até então utilizada "artista gráfico" para criadores de cartazes, capas de livro, folhetos, embalagens e logotipos, e a maneira como a palavra "design" era adotada naquele tempo, reverberando reflexões. Hoje, aparentemente ponto pacífico na área, a criação de cartazes, capas de livro, folhetos, embalagens e logotipos é design, e "design não é arte" (Ohtake, 2003, p. 17). Esse texto de Ricardo Ohtake é interessante porque discorre sobre o que é ser um designer gráfico e pontua momentos históricos para entendermos as nuances entre uma coisa e outra, não tão distantes, mas, ainda assim, diferentes.

O artista é um criador com base em sua própria subjetividade, ainda que entrelaçado ao sistema da arte e às expectativas de compradores, curadores e instituições. O artista pode, ou deve, criar em concordância com sua individualidade no mundo, mesmo que a reflexão de sua produção seja justamente sobre a coletividade na qual está inserido. O que gostaríamos de apontar aqui é que o design, por mais criativo que seja, deve estar sempre em concordância com a demanda que gera sua criação, isto é, o cliente (até quando o cliente é ele mesmo). Design tem a ver com a resolução de um problema muitas vezes não estruturado por aquele que encomenda o trabalho, mas visível ao designer graças ao seu repertório.

Este primeiro capítulo tem como objetivo inspirar a busca de referências que tornem sua jornada prazerosa e estimulante, construindo o impulso necessário para uma vida profissional plena – pouco a pouco, experiência por experiência –, e para a realização de um sólido portfólio que possa fazer sentido em sua trajetória.

À MINHA VOLTA: CONCEITOS PARA UMA BREVE HISTÓRIA DA ARTE

É fundamental entendermos que não existe um momento em que a história começa. Ao menos não há como afirmarmos isso. O calendário gregoriano é uma convenção aderida pela maior parte dos países para marcar a passagem do tempo. É importante nos libertarmos de algumas amarras sociais para deslocarmos a tentativa de estabelecer "verdades" sobre as coisas.

Primeiro, o próprio conceito de história se baseia na ideia de uma escrita, mas entendemos o que é ou não escrita com base em nossos próprios pressupostos. Os desenhos de uma criança pequena podem não nos parecer uma escrita narrativa, mas do ponto de vista da criança, sim. Digo isso porque na escola entramos em contato com a ideia de uma pré-história, que seria um período anterior ao surgimento da palavra escrita. Se entendermos que essa é uma narrativa dentro da nossa contemporaneidade, e não uma verdade absoluta sobre os fatos, fica mais tranquilo, menos rígido, pensarmos nossa existência. Entendendo a história como uma narrativa, podemos dizer que o que conhecemos de nossos ancestrais, por meio de registros que sobreviveram ao tempo e suas intempéries, é um fragmento do que verdadeiramente existiu; quanto mais fragmentos temos, mais aparentemente próximos chegamos de uma realidade experimentada nesse tempo passado que queremos acessar. Desse modo, procuramos seguir neste livro uma narrativa fluida, desconstruindo um pouco a narrativa eurocentrada e o tempo cronológico. O mais importante é o entendimento de como a pesquisa histórica pode enriquecer seu referencial, dando subsídios para seu processo criativo.

Sobre esse tempo que entendemos ter existido "antes" da história, figura em nossas memórias as imagens estilizadas de animais e seres humanos feitas com tintas naturais sobre rochas. No Brasil, aliás, temos um importante sítio arqueológico, o Parque Nacional Serra da Capivara, no Piauí, que tem diversas pinturas rupestres. Não podemos afirmar o intuito de tais representações, mas talvez seja possível entender que se trata de uma tentativa de representar como a vida estava sendo processada naquele contexto.

Figura 1.1 – (a) Sítio arqueológico Pedra Furada, que faz parte do Parque Nacional Serra da Capivara; (b) detalhe de uma pintura rupestre encontrada no parque

Considerado um importante artista europeu do século XX, o espanhol Pablo Picasso (1881-1973), ao ver as ruínas de Lascaux, na França, se impressionou acreditando estar contido ali tudo o que desejamos ao fazer arte. Esse encontro influenciou visivelmente sua produção. Talvez um dos maiores exemplos disso esteja em sua obra *Guernica* (1937), um gigante painel pintado após o bombardeio da cidade de Guernica y Lumo durante a Guerra Civil Espanhola (1936-1939). A figura 1.2a traz uma reprodução em azulejos dessa obra na cidade de Guernica y Lumo. Já a figura 1.2b apresenta um destaque da obra original de Picasso. Observe como a silhueta do touro, animal especialmente importante quando pensamos na cultura espanhola, se assemelha às pinturas (figura 1.3) encontradas no sítio arqueológico de Lascaux, na França.

Isso tudo quer dizer que a ideia de história da arte está indiscutivelmente conectada à própria ideia de história, já que arte, por vezes, é uma forma como expressamos os acontecimentos internos e externos do nosso tempo histórico, que por sua vez está amparado em imagens produzidas ao longo da história da humanidade. Sabe aquele dito popular "nada se cria, tudo se copia"? Não façamos uma leitura tão literal assim, isso quer dizer que não haverá um momento em que seu processo criativo não terá nenhuma interferência de tudo o que você já viu. Não existe esse estado de pureza, porque somos também produto de um meio, incluindo nossas contradições e críticas a ele. O que vale reafirmar aqui é que a ideia de repertório perseguirá você durante toda a sua jornada como um criador de imagens e tudo o mais que entendermos como parte desse campo de ação do mundo.

Figura 1.2 – (a) Reprodução em azulejos da obra *Guernica*, de Pablo Picasso, na cidade espanhola de Guernica y Lumo; (b) destaque da obra original de Picasso

Figura 1.3 – Pinturas arqueológicas em Lascaux, na França

Essa reflexão é interessante porque, em nosso tempo histórico, recebemos uma quantidade gigantesca de imagens de lugares que não conhecemos fisicamente. Com certeza, você conseguiria fazer uma ilustração das três famosas pirâmides de Gizé (Quéops, Quéfren e Miquerinos), mesmo sem nunca ter ido ao Egito. Certamente essa possibilidade tem a ver com o advento e a difusão da fotografia. E hoje, ao pesquisar por imagens, entramos em contato com muitas produzidas por inteligência artificial (IA), colocando em dúvida o que representaria a realidade de fato. Assim, é possível pensar sobre o quanto a pintura influenciou a fotografia e, agora, o quanto a fotografia influencia uma nova pintura digital e, consequentemente, as imagens geradas por IA. Cada uma dessas linguagens de produção de imagens – pintura, fotografia, pintura digital e criação de imagens por IA – tem sua própria história, tanto em relação ao desenvolvimento de suas técnicas quanto à trajetória de sua estética.

Na perspectiva ocidental, é indiscutível a importância da Grécia Antiga na representação da figura humana, sobretudo na escultura desenvolvida no chamado período clássico. Além disso, é possível observar na arte clássica grega a incorporação de elementos de outras culturas, que acabou ocorrendo em razão da expansão de seu território e colonização de outros povos. A influência da cultura grega chega até nós de diversas maneiras, a marca de artigos esportivos Nike, por exemplo, inspirou-se nas asas da deusa Nice, que personifica a vitória, para fazer seu logotipo. Datada do século II a.C., a figura 1.4 apresenta a estátua de Nice de Samotrácia, de autor desconhecido. Seus pedaços foram encontrados em 1863 nas ruínas do Santuário dos Grandes Deuses de Samotrácia, e hoje ocupa lugar de destaque no Museu do Louvre, em Paris, na França.

Figura 1.4 – Estátua de Nice de Samotrácia, ou Vitória de Samotrácia, no Museu do Louvre, em Paris

Já na figura 1.5 podemos ver a interlocução entre pintura e moda. Piet Mondrian, pintor neerlandês (1872-1944), encontra na geometrização das formas a conceituação de seu trabalho. Ele é reconhecido como o criador do movimento artístico neoplasticismo. As fortes linhas pretas verticais e horizontais preenchidas com cores primárias estabeleceram as bases do que foi produzido posteriormente como arte minimalista e arte abstrata. Mondrian é um artista muito importante para entendermos os movimentos da arte durante o século XX.

Na figura 1.5, ao lado do quadro de Mondrian, vemos o Vestido Mondrian, da coleção outono/inverno de 1965 de Yves Saint Laurent. A produção de

Saint Laurent destaca-se pela praticidade conjugada à sofisticação, e, inclusive, o primeiro smoking feminino foi criado em 1966 pelo designer de moda francês.

Figura 1.5 – Vestido Mondrian (1965), de Yves Saint Laurent, ao lado de *Composição II em Vermelho, Azul e Preto* (1937), de Piet Mondrian

Crédito: Dalbera/CC BY 2.0 Deed.

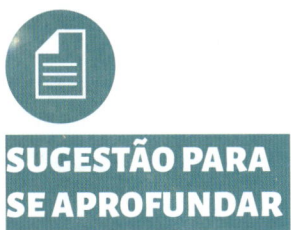

SUGESTÃO PARA SE APROFUNDAR

Para saber mais sobre algumas das reverberações do neoplasticismo, pesquise sobre o concretismo na pintura e na poesia.

Na história da arte, Mondrian está situado na arte moderna, período muitas vezes relacionado aos "ismos" do século XX: fauvismo, cubismo, futurismo, etc. Em uma perspectiva mais restrita da história da arte europeia, essa ideia não está errada. Contudo, buscando uma ideia mais abrangente de história, historiadores definiram Idade Moderna tudo o que acontece a partir do século XV, que na história da arte conhecemos como Renascença – período em que se buscou retomar os valores clássicos gregos. A Revolução Francesa, em 1789, é tida como o apogeu dessa modernidade que o renascimento cultural proclamou: o levante para a tomada de poder da realeza é um marco na tentativa de construção de outra sociedade, o que acabou repercutindo na produção estética. A Revolução Industrial, na segunda metade do século XVIII, também impôs um outro tempo à vida, bem como à arte.

Centrados em nossa territorialidade (Pindorama, hoje chamado Brasil, está dentro do território nomeado como América Latina pelos processos colonizatórios), temos um outro recorte. No entanto, tudo que foi mencionado no parágrafo anterior influencia nosso modo de ver e pensar. Mesmo dentro de um potente pensamento decolonial que em nosso tempo emerge, seria difícil simplesmente excluir todas essas referências.

Façamos como proclamou o pensamento antropofágico: comamos para poder digerir. A antropofagia, termo que quer dizer "que come carne humana", aparece no *Manifesto Antropófago*, escrito em 1928 por Oswald de Andrade, autor contemporâneo de Mário de Andrade, Tarsila do Amaral, Anita Malfatti e toda essa turma que produziu a Semana de Arte Moderna de 1922, em São Paulo. Nesse momento surge, dentro da história de um Brasil recém-saído da colonização – vale lembrar, a Proclamação da Independência aconteceu em 1822 –, o desejo de pensar uma identidade estética própria, tendo como referência o que era originário desse território.

Em nosso tempo, vivemos a revisitação dessa história numa tentativa de desconstrução, dando voz a novos atores nessa escrita – os muitos povos indígenas e da África – e construindo uma nova perspectiva para pensar a arte produzida em nosso território antes e depois da colonização. Por exemplo, temos o movimento Arte Indígena Contemporânea (AIC), iniciado pelo artista Jaider Esbell Macuxi (1979-2021), presente na 34ª Bienal de São Paulo de 2021; e muitos outros artistas indígenas, como os que participaram da Bienal de Veneza de 2024: Gustavo Caboco Wapichana, Denilson Baniwa, Arissana Pataxó, Glicéria Tupinambá, que abordam identidade, nacionalidade e pertencimento.

Figura 1.6 – Lado externo do Memorial dos Povos Indígenas, Eixo Monumental, em Brasília, coberto com grafismos tradicionais de povos do Parque Nacional do Xingu, em Mato Grosso

Crédito: Agência Brasília/CC BY 2.0 Deed.

Indo mais longe em direção ao passado, falar da arte produzida antes da colonização é falar de múltiplas identidades, cujos atravessamentos com diferentes culturas não temos registro. A figura 1.7 mostra uma cerâmica produzida na Ilha de Marajó, no Pará, no Norte do Brasil. Observe como os grafismos da peça remetem aos grafismos de outros povos distantes, como o povo Maori, da Nova Zelândia, ou mesmos os povos nórdicos da Europa, como os Vikings.

Figura 1.7 – Cerâmica marajoara exposta na coleção sul-americana do Museu Americano de História Natural, em Nova York, Estados Unidos

Crédito: Daderot/CC0 1.0 Deed.

Fora do âmbito eurocêntrico, você encontrará com facilidade em livros de história da arte referências sobre arte bizantina. No entanto, há uma imensidão de possibilidades além dela para você mergulhar em sua pesquisa. No Sul Asiático, por exemplo, temos a arte Madhubani, um estilo de pintura praticado na região de Mithila, na Índia e no Nepal. Os artistas criam as pinturas com galhos, palito de fósforo e seus próprios dedos (às vezes, utilizam também pincéis produzidos com materiais naturais). Tradicionalmente feitas em paredes de lama recém-rebocadas e em pisos, hoje também são produzidas em papéis artesanais e tecidos. Os pigmentos são feitos de maneira natural: para criar o vermelho, pode ser utilizado pó de cinábrio misturado com sementes de mostarda ou mesmo argila terracota; esterco de vaca com "preto de fumo" (produzido pela combustão incompleta de alcatrão de carvão) para produzir um preto-esverdeado; açafrão é usado para o amarelo; índigo para o azul; e pasta de arroz para o branco.

Figura 1.8 – Pinturas Madhubani em paredes da Universidade de Mithila, em Darbhanga, Bihar, na Índia

SUGESTÃO PARA SE APROFUNDAR

Para conhecer um pouco mais sobre a arte Madhubani e ver algumas obras desse estilo, recomendamos que acesse o seguinte link:

 https://artsandculture.google.com/story/the-styles-and-possibilities-of-madhubani-art-dastkari-haat-samiti/IgVRrh-k69BFLw?hl=en

Gostaríamos de citar ainda o pintor indiano Kshitindranath Majumdar (1891-1975), ligado ao movimento de arte da Escola de Bengala, importante para o desenvolvimento da arte indiana moderna. Sua pesquisa foi influenciada pela técnica de lavagem japonesa, que resulta numa camada

semitransparente de cor na pintura, e no movimento europeu art nouveau, que floresceu no fim do século XIX abrangendo arquitetura, artes plásticas, arte gráfica e arte decorativa.

Pensando em outras técnicas de manufatura, apresentamos também a xilogravura. De origem no Leste Asiático, mais especificamente na China, é uma técnica de gravura sobre madeira em que o artista entalha o desenho espelhado na matriz, que será impressa no papel com o auxílio de uma prensa – pode-se usar também uma colher de pau para fazer a pressão, técnica muito utilizada em processos mais autorais de artistas visuais. A figura 1.9 mostra a reprodução de uma famosa xilogravura japonesa produzida entre 1830 e 1833 pelo mestre Hokusai. No Brasil, um exemplo interessante de xilogravura são as obras do mundialmente conhecido artista cordelista pernambucano J. Borges, nascido em 1935 e em plena produção.

Figura 1.9 – *A Grande Onda de Kanagawa,* de Katsushika Hokusai

Crédito: Library of Congress/Wikimedia Commons.

A subjetividade do artista

Conforme pontuado anteriormente, somos produto de um meio. Neste breve tópico, vamos refletir sobre a subjetividade do artista. Mas o que essa "subjetividade" quer dizer exatamente?

Subjetividade diz respeito ao campo de pensamento particular que cada sujeito tem, no que se refere à sua leitura de mundo. Para ilustrar, olhando para dentro de si, certamente você será capaz de perceber o quanto a sociedade à sua volta induz suas escolhas. Compactuamos com códigos sociais para nos entendermos como parte de um contexto. Por exemplo, ao ir assistir a um jogo de futebol em um estádio, provavelmente você vestirá uma roupa diferente da que usa para ir a uma festa de casamento. Esses dois espaços têm seus próprios códigos, e ao fazer parte da sociedade, de modo geral, nós atuamos dentro daquilo que é aceitável para cada situação. No entanto, intimamente, você pode não se sentir confortável e tecer uma análise crítica sobre essa atuação, ainda que não possa ou consiga externalizá-la. Está aí a sua subjetividade: a maneira pessoal como você processa o que recebe do mundo.

Ao entrar em contato com a produção de artistas ao longo da história, é perceptível a externalização da subjetividade deles acerca de acontecimentos, conceitos, etc. A obra de Picasso que vimos anteriormente, *Guernica*, fala sobretudo da reverberação que o bombardeio à cidade de Guernica y Lumo e a Guerra Civil Espanhola tiveram sobre o pintor enquanto sujeito.

Um exemplo mais íntimo é o da pintora mexicana Frida Kahlo. Frida nasceu em Coyoacán, na Cidade do México, em 1907. Sua mãe era mexicana com ascendência indígena e espanhola, e o pai alemão. Frequentava a Escola Preparatória do Distrito Federal do México quando sofreu um grave acidente de trânsito em 1925, deixando marcas que perduraram por toda a sua existência. O corrimão do ônibus em que estava perfurou suas costas, causando fratura pélvica e perfuração do útero e abdome. Durante o grande período de sua convalescença, começou a pintar com um cavalete adaptado à cama e com a caixa de tintas de seu pai, fotógrafo. O colete de gesso que cobria todo o tronco de seu corpo, usado durante os três primeiros meses de recuperação e entre suas muitas idas e vindas do hospital ao longo de sua vida, foi retratado em algumas de suas pinturas.

Figura 1.10 – Museu Frida Kahlo, em Coyoacán, Cidade do México

A figura 1.10 mostra seu quarto na Casa Azul (como é popularmente conhecida sua residência, atualmente um museu em sua homenagem), onde passou parte de sua infância e depois habitou junto com o companheiro Diego Rivera, importante muralista mexicano. Observe em seu autorretrato *A coluna partida*, de 1944, como a dor e o sofrimento são o foco central da obra (figura 1.11). Frida Kahlo, em sua vida e obra, expressa suas convicções sobre o mundo e transborda suas dores. Mas Frida não se resume a seu grave acidente, sua atuação abrangeu também um forte posicionamento político, que pode ser percebido pelo estilo marcado pelos trajes típicos mexicanos.

Figura 1.11 – *A coluna partida* (1944), de Frida Kahlo

DICA

Assista ao filme *Frida* (2002), dirigido por Julie Taymor. A atuação de Salma Hayek como Frida Kahlo rendeu uma indicação ao Oscar de Melhor Atriz.

MAS QUEM É O DONO DESSA IMAGEM? DIREITO DE IMAGEM E DA PROPRIEDADE INTELECTUAL

Na prática da escrita, da educação, bem como da arte, a pesquisa é sem dúvida companhia constante. Todo bom projeto se inicia com uma pesquisa cuidadosa de referências que nos guiarão na ativação de nossa criatividade. Mas é preciso ter cuidado: toda obra autoral está protegida por uma legislação que visa garantir os direitos de seu autor, a Lei n. 9.610 (Brasil, 1998). No geral, uma obra pode ser:

- Em coautoria: quando criada por dois ou mais autores, por exemplo, os irmãos gêmeos Otávio e Gustavo Pandolfo, grafiteiros mundialmente reconhecidos que assinam seus trabalhos como "Os Gêmeos".

- Anônima: quando não é indicado o nome do autor, por sua vontade ou por desconhecimento. Um exemplo bem atual são os memes da internet.

- Pseudônima: quando um nome fictício oculta o nome do verdadeiro autor, como Mary Westmacott, pseudônimo da autora britânica Agatha Christie, ou mesmo Lélio, Vitor de Paula e João das Regras, pseudônimos do grande romancista brasileiro Machado de Assis.

- Inédita: que ainda não tenha sido publicada.

- Póstuma: publicada após a morte do autor.

- Originária: também conhecida como "criação primígena", expressão descrita na lei de direitos autorais (Brasil, 1998), diz respeito ao que foi feito antes. Por exemplo, a artista visual maranhense Gê Viana utilizou diversas aquarelas do artista francês Jean-Baptiste Debret, que viveu no Brasil entre 1861 e 1831, como obras originárias para criar sua série *Atualizações traumáticas de Debret*.

Figura 1.12 – *Um jantar brasileiro* **(1939), de Jean-Baptiste Debret: uma das aquarelas de Debret escolhidas por Gê Viana como obra primígena para suas criações derivadas**

Crédito: Wilfredo Rafael Rodriguez Hernandez/ CC0 1.0 Deed.

- Derivada: resultado direto da transformação de uma obra originária em um novo produto, uma releitura. Seguindo o mesmo exemplo anterior, a obra "Cultivo de cogumelos" (2020, colagem digital, 29,7 × 42 cm), da série *Atualizações traumáticas de Debret*, de Gê Viana, é uma obra derivada de uma aquarela de Debret.

- Coletiva: criação produzida por um coletivo de pessoas. Aqui, a lei diz respeito à situação em que uma obra, criada por um conjunto de pessoas, será representada por pessoa física ou jurídica na participação de um edital, por exemplo, situação muito comum na produção de textos ou obras criadas em grupos de pesquisa acadêmica.

- Audiovisual: não se trata exatamente do conteúdo original captado, mas do produto gerado a partir dele, como no caso de fotografias usadas em sequência para criar um vídeo. A lei busca contemplar as especificidades de cada função dentro da produção audiovisual, como fonograma, editor, produtor, radiodifusão e artistas intérpretes ou executantes (como atores, cantores, bailarinos). Uma obra audiovisual é, sem dúvida, um grande exemplo de uma obra coletiva em sua própria natureza. Entre as etapas de pré-produção, produção e pós-produção, haverá diferentes profissionais envolvidos em sua construção.

A lei de proteção dos direitos autorais se refere a mais do que obras artísticas e literárias, contemplando também a autoria científica (incluindo a proteção da autoria sobre programa de computador).

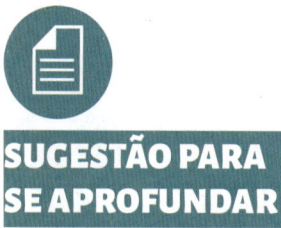

SUGESTÃO PARA SE APROFUNDAR

Para saber mais, leia na íntegra a legislação vigente sobre os direitos autorais, a Lei n. 9.610 (Brasil, 1998).

Voltando ao título deste tópico, "direito de imagem e da propriedade intelectual" parece redundante? Existe o produto da nossa criação, seja uma obra de arte, seja um projeto de design, seja um conceito científico. O soro antiofídico, destinado ao tratamento de pessoas picadas por cobras, está na lista de medicamentos essenciais (considerados mais eficazes e seguros) da Organização Mundial da Saúde – OMS (WHO, 2019). Ele foi desenvolvido pelo cientista brasileiro Vital Brazil, que doou a patente de sua criação ao Estado brasileiro, possibilitando um maior acesso da população e salvando inúmeras vidas (Vaz; Vital Brazil; Paixão, 2020). Nesse exemplo, estamos nos detendo ao produto, o que é produzido, sobre o direito de autor.

Quando falamos em direito de imagem, estamos falando do direito sobre nossa imagem: o que é nosso, da nossa personalidade, como a nossa voz, incluindo aquilo que a reproduz, o que torna reconhecível nossa imagem.

Por exemplo, viajando pela cidade de Salvador, na Bahia, fizemos um retrato de uma mulher vendendo acarajé. Ela olhou sorrindo para a câmera e sua postura consentiu que a foto fosse realizada. Meses depois, já em nossa cidade, coube utilizar a foto como fundo de um cartaz para a campanha de um cliente. O direito de autor da imagem nós temos, mas isso não inclui o direito de quem foi fotografado. Assim, a imagem reconhecível da mulher só poderá ser publicada com um acordo entre as partes, uma vez que o seu consentimento para a foto, indicado pelo sorriso e pela postura, não pressupõe o direito de uso de sua imagem.

Por isso, em edição de vídeo e produção audiovisual existe o "termo de direito de uso de imagem", um contrato aplicado nas gravações audiovisuais que devem contemplar desde o entrevistado para um documentário até o público de uma palestra.

IMPORTANTE

O direito de imagem e de propriedade intelectual é um bem móvel na legislação brasileira, passado aos herdeiros depois do falecimento de seu titular, configurando herança dentro da ordem sucessória da lei civil. Na Lei n. 9.610/1998, o art. 41 determina que, se não houver herdeiros, a obra entra em domínio público.

Quando o uso sobre uma determinada obra não está mais protegido e pode ser livremente acessado, sem ser necessária uma autorização, chamamos de domínio público. No Brasil, toda obra entra em domínio público depois de 70 anos contados a partir do primeiro dia do ano seguinte ao da morte do autor; durante esse prazo, é respeitada a ordem sucessória. Vale lembrar, no entanto, que o direito moral do criador é inalienável e deve ser protegido sempre – isso significa que a autoria em si é imutável.

Do mesmo modo que tudo o que pode lhe servir de material para uma nova criação está protegido pela lei do direito autoral, sua produção também estará, sendo seu o direito reservado sobre a publicação do seu trabalho. Está aí uma fonte de possibilidades no desenvolvimento de materiais para estudo, portfólios e trabalhos, assim como a obra desenvolvida por Gê Viana em suas reapropriações de Debret. Quando atuamos na produção para um cliente, vendemos o uso desse direito – por isso é importante estar especificado em contrato a veiculação do trabalho que será feita –, e a nós sempre caberá a divulgação dos projetos desenvolvidos em nosso portfólio (esta cláusula pode estar no contrato também, evitando problemas posteriores).

DICA

Importante instituição de difusão da fotografia e sua história, o Instituto Moreira Salles disponibiliza seu banco de imagens fotográficas e iconográficas que entram em domínio público para download gratuito. São cerca de 10 mil obras produzidas entre o século XVI e as três primeiras décadas do século XX, que você pode acessar no link a seguir:

https://ims.com.br/por-dentro-acervos/ims-disponibiliza-download-imagens-dominio-publico/

BRIEFING, BRAINSTORM E PAINEL SEMÂNTICO: ETAPAS DA CONSTRUÇÃO DE UM PROJETO VISUAL

Com todo o conteúdo abordado até aqui, podemos começar a pensar as etapas de construção de um projeto visual. As ideias colocadas neste tópico não buscam ser regra sobre a forma de conduzir um projeto, e sim pretendem instrumentalizar você com uma possível direção. A organização pode fazer toda a diferença para que seu projeto seja entregue dentro do prazo, com alta qualidade e sem desperdício de energia, ou seja, levar mais tempo que o necessário em certas situações porque não soubemos planejar as etapas de trabalho e objetivos que desejamos alcançar.

Primeiro, entenda de modo sucinto e elucidativo quais são os objetivos do projeto: produzir a identidade visual de uma hamburgueria é um objetivo diferente de produzir uma campanha para o lançamento de um produto de moda. Se estivermos falando da produção audiovisual, produzir um documentário cujo viés é a perspectiva de uma galeria sobre a produção de um artista visual é diferente de produzir um documentário abordando vários pontos de vista de um problema social de uma comunidade, ou ainda, de maneira mais evidente, diferente de produzir um vídeo publicitário para as redes sociais. Vale lembrar que as redes atuam em layouts e linguagens específicas e nem sempre iguais, e o que serve para uma rede pode não ser a melhor coisa para a outra. Isso será preponderante no seu planejamento, pois pode determinar se você conseguirá fazer a captação com apenas um equipamento ou se precisará de outros para diferentes formatos de difusão (para o YouTube, por exemplo, o vídeo deve ser realizado na horizontal, mas, em outras redes, o formato mais adequado é o vertical), quantos produtos precisará entregar, etc. Buscando abranger amplamente as prerrogativas da formação em computação gráfica, mais especificamente a qualificação de desenhista de maquete eletrônica, podemos ainda citar como exemplo que realizar o desenho técnico, ou a planta 3D para um projeto de reforma de uma cozinha, é necessariamente diferente de desenhar o projeto de apenas um armário para ela. Nesse caso, possivelmente haverá outros profissionais de criação trabalhando em conjunto, como um designer de interiores ou um arquiteto.

O segundo aspecto é identificar quais são as necessidades específicas do projeto, que tangem seu processo criativo propriamente dito. Mas vamos organizar de um modo que fique um pouco mais fácil, partindo das especificidades da produção gráfica.

Para começar, uma conversa com o cliente será possivelmente mais eficaz que um grande formulário de briefing. Antes do início do desenvolvimento de um projeto, preocupe-se em ter seu orçamento aprovado e o contrato assinado. Esquematizar os objetivos para o projeto fará com que o trabalho flua melhor para quem cria e para quem o recebe. Alguns pontos para traçarmos o escopo do projeto seriam:

- Objetivo da contratação: quais são os resultados esperados.

- Limites de atuação: definição da entrega que deverá ser feita, como quantas peças, em quais formatos (extensões de arquivo) e, sobretudo, para qual uso.

- Tempo para a execução do projeto: entre pesquisa, projeto e ajustes (solicitados na devolutiva do cliente).

Com base nesses pontos, você terá os pressupostos para quantificar o valor que você poderá pedir pelo trabalho. Para que seus orçamentos fiquem menos aleatórios, tenha, antes de tudo, uma tabela para uso pessoal com alguns valores predefinidos dentro de seu plano de negócio, como identidade visual da marca, desenvolvimento de arte para cartão de visita e identidade visual para o Instagram. Defina previamente também quando e como será a sua primeira entrega e quantos ajustes serão possíveis até a entrega final. Neste ponto do planejamento de um projeto visual, você deverá submeter o cliente à assinatura de um contrato, contendo valores, prazos e garantias para ambas as partes. Só depois de aprovado o orçamento e assinado o contrato, você deverá começar a pesquisa e o desenvolvimento do projeto.

DICA

É possível encontrar diversos modelos de contrato na internet. Com base neles, você poderá criar seu próprio contrato, adotando-o sempre, com os devidos ajustes para cada situação.

No site da Associação dos Designers Gráficos do Distrito Federal (Adegraf, [s. d.]), você encontra um modelo de contrato bem como uma tabela de precificação que pode auxiliar no desenvolvimento de sua perspectiva sobre a área. Vale pontuar que a tabela é direcionada a designers com graduação em design gráfico e tem como base valores de mercado do Distrito Federal, portanto, cabe a você, por meio de uma pesquisa de mercado local, entender como você poderá atuar em sua comunidade.

Com essas pré-etapas da construção de um projeto visual resolvidas, vamos agora aprender os conceitos de briefing, painel semântico e brainstorm. No capítulo 4, você encontrará um exemplo prático de construção de um projeto visual, por enquanto, vamos primeiro tentar entender esses conceitos essenciais que ajudarão você a chegar até lá.

Briefing

Briefing é um termo em inglês para a reunião de informações táticas antes da realização de uma tarefa ou missão. São pontos relevantes para entender o cliente e para estabelecer as melhores estratégias de atuação. No mercado, é comum o envio de um formulário digital com perguntas para o cliente responder. Deve-se sempre ponderar o que será mais aplicável, pois, se o formulário for muito longo ou subjetivo demais, talvez você não o receba de volta preenchido como precisa. Opte por perguntas objetivas, e transforme o que for possível em questões alternativas.

A seguir, apresentamos informações básicas para entender um plano geral do contexto, o escopo do projeto. Elas já podem ter sido coletadas antes mesmo do contrato, no primeiro contato com o cliente.

- Nome da empresa.

- Há quantos anos atua no mercado e qual o porte (atua com quantos colaboradores).

- Nicho de mercado e/ou qual o público-alvo da empresa.

- Quais as expectativas de expansão do negócio. Essa informação é bastante subjetiva, que pode não ser relevante para o desenvolvimento de seu projeto. Pergunte em uma entrevista presencial, para demonstrar seu interesse pela empresa, mas sugerimos que não a envie em um formulário de briefing.

Até aqui, então, já temos dois documentos: o contrato de prestação de serviço e o briefing, que ajudará você a identificar os objetivos do projeto. Desse modo, estará claro tanto para você, designer, quanto para o cliente o que será realizado e a partir de quais pressupostos.

Há também outras informações relevantes que podem fazer parte do seu briefing (não necessariamente é preciso submeter o resultado do briefing ao cliente, mas, se este for o caso, ele deve prová-lo). São dois momentos em que o conceito de briefing é aplicado: no primeiro, para obter o necessário para que você possa formalizar a contratação; no segundo, para se ter o entendimento da atuação. No entanto não é preciso fazer isso duas vezes, alguns profissionais optam por enviar o briefing antes do contrato e trabalhar com esse documento como guia para a primeira parte de desenvolvimento do projeto. Não há uma fórmula mágica aqui, tente pesquisar a respeito e sobretudo entender sua forma de atuação. São questões relevantes para a construção do briefing pensando o projeto:

- Objetivo: identidade visual da marca ou uma campanha de Dia dos Namorados, por exemplo. Pode parecer redundante, mas seja objetivo ao definir a meta de atuação de sua contratação.

- Se já existe na empresa um trabalho realizado dentro desse objetivo: no caso de uma identidade visual, é possível que seja o primeiro projeto a ser desenvolvido, mas, se for uma reformulação dessa identidade, confirmar se será utilizado algo que a marca já possua, como um logo ou a paleta de cores. A figura 1.13 apresenta os logos do Senac ao longo dos anos, o Senac é uma instituição com mais de 70 anos e, por isso, naturalmente já passou por processos de renovação de sua identidade visual.

Figura 1.13 – Logos do Senac ao longo dos anos

1946

1969

2012

- Onde e como o produto da contratação circulará: redes sociais (especificar quais redes), identidade física (banner, cartão, etc.).

- Se há um tempo predefinido para a campanha, identidade a ser desenvolvida.

- Qual o tempo de execução da proposta (entre pesquisa e desenvolvimento) até a entrega final.

- Quais são as referências que o cliente traz para o projeto, se existe algo em mente sobre o resultado final.

A partir desse panorama, você poderá começar! O primeiro passo é, sem dúvida, a pesquisa. Busque referências que possam estimular seu processo criativo na preparação do painel semântico do projeto (ver mais adiante). Pode ser uma estratégia compartilhar esse primeiro produto do trabalho com seu cliente, de modo a entender se você está indo pelo caminho certo das ideias para o projeto. No seu painel semântico pode ter: cores, imagens, possivelmente cheiros e sons, que transmitam uma impressão geral do que se deseja que seja absorvido. Pode conter elementos tipográficos, talvez palavras ou mesmo um poema, se puder servir de inspiração para seu processo criativo. Fazer uma pequena reunião (on-line mesmo) com seu cliente e apresentar o painel semântico produzido como um guia, aberto à devolutiva que o cliente lhe dará, pode livrar você de uma sucessão desgastante de ajustes posteriores.

Existe nesse ponto um fino acordo entre a intenção que o seu cliente projetou ao contratar você, sua fluição criativa e um resultado que traga o melhor desempenho para sua entrega. Vale lembrar que a palavra final é sempre do cliente, portanto, seja hábil em sua comunicação verbal e não verbal. O painel semântico é uma oportunidade de expressar suas primeiras ideias e a condução que você deseja dar à proposição.

Brainstorm

Para a criação de um painel semântico, utilize o conceito de brainstorm (do inglês, "chuva de ideias"). É possível aplicar o conceito antes do painel semântico, auxiliando sua construção e depois ajudando na elaboração do projeto.

O brainstorm é uma etapa do projeto que tem por intuito ajudar na organização das ideias, não sendo necessário que você compartilhe com o cliente. Já no caso do painel semântico, sim, compartilhá-lo com seu cliente contribui para um melhor direcionamento do projeto. Contudo, o que cabe em uma situação pode não caber em outra, você pode ponderar as circunstâncias visando a um melhor relacionamento com seu cliente. No papel ou com o computador, anote tudo que vem à mente sobre o projeto a partir do seu briefing.

Uma sugestão seria usar notas adesivas coloridas, material que pode auxiliar muito o processo, sobretudo porque, para ser utilizado, você precisa ser sucinto, resumindo suas ideias a palavras-chaves. As cores podem ser utilizadas estrategicamente, separando as áreas de um projeto, por exemplo, laranja para estratégias de mídia, e azul para estratégias de logística.

PRÁTICA

Vamos pensar em um caso na prática para exemplificar: uma gelateria, com cerca de 3 anos de mercado, tem uma única unidade física e deseja expandir seu plano de negócio com a implementação de uma unidade móvel no modelo foodtruck. Como a identidade da marca já existe, logo e cores já são definidos.

Logos da gelateria

Paleta de cores da identidade visual da marca

O proprietário da marca se sente satisfeito com a identidade, contudo gostaria que esse novo projeto tivesse uma paleta de cores mais vibrante, possivelmente mais "tropical", já que o conceito é que seus sorvetes tenham, sobretudo, sabor de frutas, como induz o logo da marca. Entre os sabores, além de melancia (que inspira o logo), há outros sabores conhecidos em nosso território, como cupuaçu, manga, maracujá, abacaxi e caju.

A partir das informações, utilize a técnica de brainstorm e pense em cores e ideias para composição de uma proposta, adequada aos elementos já existentes da identidade visual da marca. Se gostar da proposição, faça depois um painel semântico com o tema.

Painel semântico (ou moodboard)

De uma maneira ou de outra, já introduzimos um pouco o painel semântico neste capítulo. Ele consiste em um painel que pode ser físico, contudo, os meios digitais possibilitam maior agilidade para a sua produção. Nesse painel, buscamos tornar visíveis as ideias que, com base no briefing, sugerimos ao projeto. Aqui, ponderamos tudo que surgiu no primeiro exercício de brainstorm e buscamos as referências visuais para materializar. As figuras

1.14 a 1.16 apresentam três exemplos para diferentes contextos para auxiliar em seu repertório quanto ao formato de construção de um painel semântico. Fazemos breves comentários sobre as figuras para estimular a leitura das imagens dos exemplos propostos. Seu cliente ou sua equipe, ao receber esse produto, fará intuitivamente a mesma coisa, uma tentativa de leitura para o entendimento da proposta.

Figura 1.14 – Painel semântico: exemplo I

A figura 1.14 traz cores, materiais e diferentes texturas. Um toque de verde com plantas pode dar uma sensação de bem-estar ao contexto. A xícara de café e a fotografia de uma mesa levam a imaginar que se trata de um ambiente de reunião, possivelmente de trabalho. Um painel semântico de design de interiores, da reforma de uma sala de reunião. É interessante observar a organização e a disposição dos elementos agrupados pela mesma materialidade – como no caso dos tecidos na parte inferior da imagem ou os dois exemplos de laminado de madeira.

Figura 1.15 – Painel semântico: exemplo II

A figura 1.15, um painel semântico de moda, apresenta uma outra forma de pensar a ideia de painel. É interessante o conceito aplicado, um filtro cromático sobre toda a imagem: pintando cabelo, paredes, abacaxi, gomos de mexerica e cactos, e criando um "tom", uma energia (menos sobre a realidade, e mais sobre o que se quer transmitir). Se pudéssemos escolher uma música para essa imagem, escolheríamos "Cor-de-rosa choque", da rockstar brasileira Rita Lee, de 1982. E você, no que pensou?

Figura 1.16 – Painel semântico: exemplo III

Por fim, observe os elementos que compõem a figura 1.16 (cores, formas e texturas) e os materiais presentes (cerâmicas, pedras, tecidos, plumas, trigo e uma esponja azul mais ao centro). Nesse caso, fará toda a diferença se direcionarmos a proposição visual do painel semântico apresentado para um negócio na área de bem-estar ou de saúde, por exemplo. Embora sejam áreas que se aproximam, há especificidades em cada uma. Em saúde, podemos tratar de uma clínica de fisioterapia e reabilitação, bem como em algo completamente diferente, como uma clínica de fertilização. Já em bem-estar, o desejo pode ser comunicar atendimentos holísticos, ou um campo um pouco diferente como uma escola de ioga. Os elementos simbólicos dessas especificidades que podem ser somados ao painel semântico apresentado como exemplo na figura 1.16 dariam o tom dessas várias possibilidades.

PRÁTICA

Como sugestão de exercício, crie um painel semântico (moodboard) pessoal, pode ser sobre uma viagem que gostaria de fazer ou mesmo de uma marca cuja identidade você goste. Observe como você expressa, por meio dos elementos escolhidos, o conceito percebido na construção da imagem da marca.

É interessante começar por algo que já existe para depois fluir em criações com marcas fictícias e outras possibilidades. No mercado de trabalho, esse procedimento é chamado de "análise da marca" ou branding, e observa outros dados, como a performance da marca dentro do mercado. Nesse momento, você pode focar mais nos aspectos visuais da identidade.

SUGESTÃO PARA SE APROFUNDAR

Para se aprofundar no tema deste capítulo, leia a obra *Briefing: a gestão do projeto de design* (2015), de Peter L. Phillips.

CONSIDERAÇÕES FINAIS

Neste capítulo, discutimos sobre o papel do desenvolvedor enquanto um criador de imagens, apresentamos o direito de imagem e de propriedade intelectual e como esses conceitos se aplicam à área de produção gráfica, e refletimos sobre a importância que a história da arte traz para as produções modernas e como ela pode ser uma fonte rica em técnicas, estilos e estética, influenciando ideias.

Os assuntos aqui abordados farão parte de toda a sua jornada dentro da produção gráfica. Entender os objetivos do projeto por meio da aplicação do conceito de briefing possibilitará que você construa um plano de ação que inclua a elaboração de um contrato especificando as etapas de desenvolvimento do trabalho e suas respectivas datas de entrega e direitos reservados. Durante o processo criativo, use os conceitos de brainstorm e painel semântico, e deixe fluir o árduo trabalho que é imaginar.

CAPÍTULO 2

Imagem bitmap

Um equívoco comum entre profissionais da área gráfica é iniciar o processo de edição e tratamento de imagens sem se atentar às etapas que devem ser percorridas, bem como ao conhecimento teórico que é necessário para realizá-lo.

Esse desconhecimento não necessariamente fará com que o resultado seja ruim, mas muitas vezes ele acaba não permitindo que se extraia o máximo que a imagem possibilita. Em razão disso, neste capítulo, serão apresentadas as principais etapas do tratamento de imagens, desde o conceito teórico básico de pixel até a fusão e a manipulação de imagens.

O QUE É UM PIXEL?

Antes de entender o que é um bitmap, é necessário saber o que é um pixel. Essa palavra é muito comum de se escutar no universo da computação gráfica, justamente por conseguir envolver imagens, vídeos, 3D e diversas outras mídias.

> O elemento básico de uma imagem de computador é o pixel, uma imagem é composta de pixels distribuídos em uma matriz retangular, onde cada pixel representa não apenas um ponto na imagem, mas uma região retangular, o valor associado com o pixel deve representar a intensidade média na célula correspondente para aquela região. Amostragem é o processo pelo qual uma imagem contínua se torna discreta, ou seja, é dividida em diversas amostras de tamanho definido, como uma cena captada por uma câmera, é decomposto em um conjunto de pixels (Vier, 2010, p. 19-20).

Em linhas gerais, um pixel nada mais é que a menor unidade de medida visível que temos em uma tela, seja de computador, celular ou quaisquer outros dispositivos de exibição digital. Isso ocorre porque não é possível medir objetos digitais com unidades físicas, por exemplo, o milímetro e o centímetro. Como uma tela pode ter diferentes tamanhos, ela pode exibir uma mesma informação em tamanhos diferentes, como em um monitor com quantidade de polegadas maiores ou menores.

Ao nos aproximarmos bem do monitor de um computador, por exemplo, é possível visualizar que ele é constituído por diversos "quadradinhos". Cada um desses quadradinhos é um pixel do painel.

Figura 2.1 – Representação de pixels do monitor de um computador

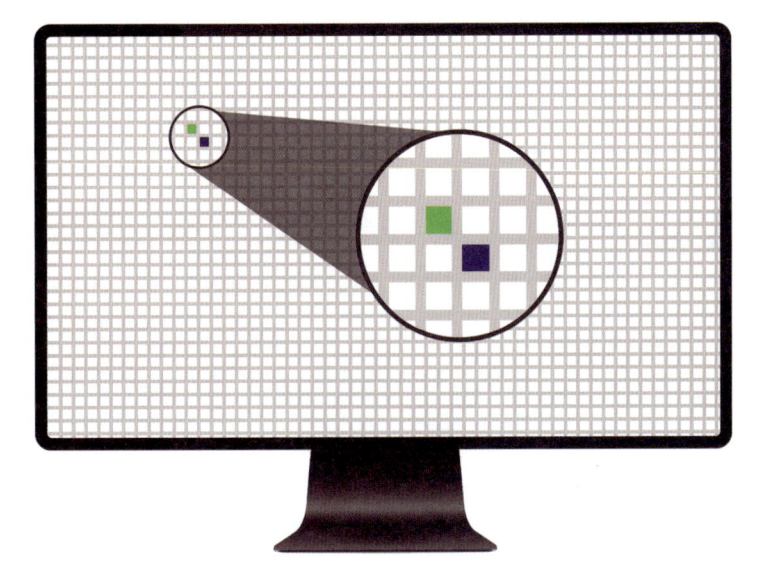

Na figura 2.1, é possível compreender um pouco melhor esse conceito. Cada tela tem uma medida em pixels, ou seja, quantos desses "quadradinhos" temos dentro do painel.

De maneira mais técnica, dizemos que cada um desses pixels é um ponto de luz na nossa tela, cuja cor é exibida pela mistura das três cores básicas, conhecida como "cor-luz", ou seja, RGB (do inglês, *red, green and blue,* ou vermelho, verde e azul). O brilho de cada pixel também pode variar.

Resoluções

Nas informações técnicas de um monitor, por exemplo, ele sempre apresenta ao menos duas medidas do produto. Uma delas é o tamanho da tela, comumente colocadas em forma de polegadas, e o outro é a sua resolução, ou seja, a quantidade de pixels que essa tela tem. Novamente, englobando as duas formas de medida, uma física e a outra digital.

Uma das resoluções mais comuns em monitores, é o de 1920 pixels de largura por 1080 pixels de altura. Multiplicando esses valores, temos uma quantidade de 2.073.600 pixels na tela. Essa resolução com mais de 2 milhões de pixels é conhecida como full HD. Quando falamos de resolução 4K, por exemplo, significa que o painel tem 3840 × 2160 pixels, ou seja, com sua borda maior chegando próximo aos 4.000 pixels (que deu origem ao termo 4K). Calculando rapidamente, um monitor 4K tem 8.294.400 pixels no painel.

É possível fazer um paralelo de que quanto maior a resolução, maior qualidade terá nossa tela. Por exemplo, em uma comparação direta de dois monitores de 27 polegadas, um com painel full HD e outro com 4K, os pixels do painel 4K serão muito menores do que os do full HD, o que traz uma imagem menos "quadriculada" e, consequentemente, uma qualidade maior para a visualização nessa tela.

O QUE É UMA IMAGEM BITMAP?

Agora que entendemos melhor o que são pixels, fica um pouco mais fácil de compreender o que é uma imagem bitmap. A imagem bitmap parte de um conceito em que a construção de uma imagem é feita pela organização de diversos pixels, ou seja, diversos pontos de luz que, se organizados corretamente, de certa forma "enganam" nosso cérebro que visualiza uma imagem por meio deles.

Podemos dizer com segurança que toda fotografia (imagem capturada por câmeras) tem uma quantidade de pixels, logo, se trata de um bitmap.

Figura 2.2 – Imagem bitmap aproximada

Na figura 2.2, temos a imagem de uma cobra. Quando ela é aproximada com o zoom, por exemplo, vemos que ela é construída por diversos pixels, que inicialmente pareciam imperceptíveis. Sempre que uma imagem é construída pela combinação de pixels, é sinal de que se trata de uma imagem bitmap. Os formatos mais comuns de imagem bitmap são jpeg, gif, tiff, bmp e png. Todos esses são formatos exclusivos do bitmap.

Trabalhar com imagens bitmap tem suas vantagens e desvantagens. De um modo geral, a maior vantagem é que temos mais possibilidades de edição dessa imagem, ou seja, podemos excluir, substituir, pintar, reorganizar e até mesmo aplicar filtros em cada um desses pixels, características que trazem uma versatilidade maior de edição dentro dos softwares. No entanto, como uma imagem bitmap tem uma quantidade limitada de pixels, a tendência é que ela perca qualidade conforme é ampliada, precisando, assim, de um planejamento maior na hora de construí-la ou editá-la, para garantir que não haja perda na qualidade na sua aplicação final.

PROCESSOS DE REVELAÇÃO, CORREÇÃO E RESTAURAÇÃO DE IMAGENS

Neste tópico, abordaremos vários processos que fazem parte da edição e tratamento de imagens bitmap, e procuraremos seguir a forma mais cronológica possível, uma vez que essas etapas nem sempre devem ser seguidas nessa ordem, pois muito do processo de trabalho na computação gráfica parte de experimentações. Assim, é importante compreender essas etapas, mas cada imagem pode demandar uma ordenação e prioridade diferente.

Revelação

O termo "revelação" faz referência ao processo que comumente era realizado na fotografia analógica, e, como o digital nada mais é que uma adaptação dos processos analógicos, é importante entender um pouco sobre como ele acontecia e como foi feita essa adaptação.

A fotografia analógica é o processo de fotografar utilizando rolos de filme, que continham materiais químicos que o tornavam fotossensíveis. Esse material químico era o haleto de prata, conhecido justamente por ser sensível à luz, ou seja, esse material "queimava" rapidamente quando exposto a ela. Uma vez que o rolo de filme era inserido na câmera, ele era exposto, e o disparo fazia com que a luz passasse pela lente e queimasse esse material, extraindo o negativo desse filme. O negativo são as partes de luz da fotografia queimadas pela fotossensibilidade do material. O resultado era muito semelhante ao que temos em um exame de raio x.

Após todo esse processo, ou seja, a fotografia ter sido feita e registrada no rolo de filme, iniciava-se o processo de revelação. Esse processo consistia em obter o resultado final da fotografia, ou seja, retirar essa informação do negativo e imprimir em um papel fotográfico. Tal como a captura, a revelação também é um processo químico com etapas que devem ser respeitadas. De maneira resumida, a etapa de revelação é feita com um produto "revelador", que costuma ser uma solução alcalina à base de hidroquinona ou mentol, que, quando colocada em contato com o filme, transforma os haletos de prata em prata metálica. Esse produto é mantido até a foto escurecer completamente. Depois, é utilizado um produto para interromper o revelador, costuma ser um composto de ácido acético glacial ou cítrico. A imagem é então mergulhada em um fixador, como o tiossulfato de sódio, e lavada em água corrente. Por último, ela é secada em estufas com temperaturas abaixo dos 40 °C.

Agora que sabemos os conceitos básicos de fotografia e revelação analógica, vamos entender como isso se torna digital. Conforme apontado anteriormente, os processos de imagens digitais não são muito diferentes, eles apenas são adaptados, assim, uma vez que entendemos o processo analógico, fica mais fácil a compreensão do digital.

Captura

A primeira diferença é a forma de captura. Na fotografia analógica, comumente precisaríamos de um rolo de filme para armazenar a fotografia. Nas câmeras digitais, não são utilizados filmes, mas, sim, o que chamamos de sensores de câmeras. Esses sensores são feitos de silício, e as capturas são realizadas por meio do efeito fotoelétrico, em que as partículas de luz (fótons) atingem os elétrons do sensor, que capturam a imagem. Nesse caso, o processo que no analógico era químico, no digital se torna físico, mas ainda assim com o principal ponto em comum: a captura de luz.

Jpeg versus raw

Outra diferença fundamental é a parte da revelação, que é muito diferente nas duas situações. Na fotografia analógica, existia uma série de etapas químicas que deveria ser respeitada para chegar em um bom resultado, por sua vez, na digital, isso é feito de maneiras diferentes. Uma delas é chamada de "processamento automático", em que essa revelação é feita automaticamente pelo aparelho, fornecendo de imediato o resultado aproximado da fotografia no visor da câmera. Quando isso é feito, a imagem deve ser armazenada no formato de jpeg, uma forma de processamento com seus prós e contras. Alguns dos prós são o resultado quase instantâneo, em um processamento que muitas vezes é assertivo, e a garantia de um arquivo leve, possibilitando capturar ainda mais imagens. No entanto, o grande problema é que o formato de jpeg comprime muito a imagem, ou seja, descarta várias informações dela, fazendo com que você não tenha a autonomia e o poder de edição que a sua câmera proporciona. Em resumo, o jpeg faz uma edição automática, em que não temos controle nenhum sobre ela.

Outra forma de revelação que temos é quando a fotografia sai em um formato conhecido como raw. Cada fabricante de câmeras costuma ter seu formato raw específico, como o .CR2, .CR3, .ARW e .NEF. Quando possuímos uma imagem em um desses formatos, temos muito mais possibilidades de edição. Isso ocorre porque esses arquivos não sofrem compressão na hora do armazenamento, isso significa que ele retém todas as informações da captura. Tal como o jpeg, esse tipo de arquivo também tem seus prós e contras. O principal ponto a favor é exatamente essa possibilidade muito maior de edição, pós-produção e outros ajustes, possibilitado justamente pela quantidade de informações contidas no arquivo. O contra, por sua vez, é que o arquivo se torna muito maior e precisa passar por uma etapa de revelação digital para que a fotografia seja exportada.

Figura 2.3 – Árvore em contraluz (a) com processamento automático e (b) em formato raw

Na figura 2.3, é possível perceber melhor isso que estamos falando. Perceba que foi feita uma fotografia com uma árvore em primeiro plano, em uma situação de contraluz. Quando isso ocorre, a tendência é que o primeiro plano (árvore) escureça e que o plano de fundo fique com um brilho maior, gerado pela contraluz. E é exatamente isso que aconteceu na imagem da esquerda, em que foi feito o processamento automático dessa imagem. Já na imagem da direita, como o raw consegue armazenar mais informações do sensor, foi possível recuperar essas áreas, clareando mais a árvore no primeiro plano, o que torna a imagem mais equilibrada, agradável e sem perdas.

Por causa dessa versatilidade de edição e recuperação de informações visuais, devemos sempre priorizar imagens em raw para termos um processo de revelação mais completo e extrair ao máximo o que nossa fotografia tem a oferecer.

Processo de revelação digital

A seguir, abordaremos algumas etapas fundamentais do processo de revelação digital, demonstrando os principais pontos de atenção.

Balanço de branco

Sabe quando a imagem parece estar amarelada ou azulada? Como se tivesse um filtro de cor aplicado? Possivelmente é um problema no balanço de branco da imagem. Apesar de parecer um tanto invasivo, é facilmente ajustável. Os softwares costumam utilizar uma ferramenta para selecionar algum ponto em branco da imagem e, por meio dessa amostra, o editor consegue neutralizar essa invasão de cores.

Figura 2.4 – Demonstração de balanço de branco: (a) invasão de azul, (b) neutralizada e (c) invasão de tons amarelados

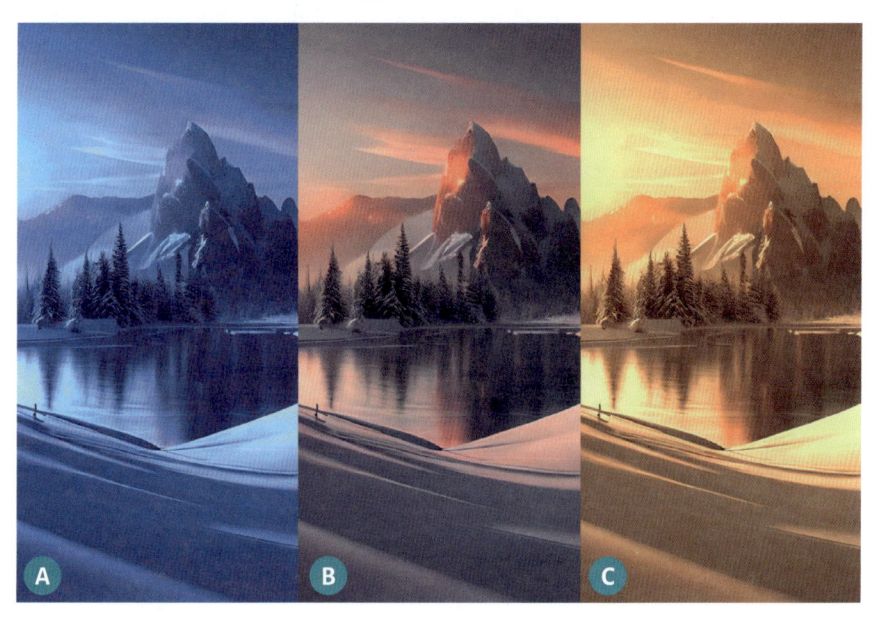

Na figura 2.4, temos três situações distintas: na esquerda, temos a fotografia com uma forte invasão de azul; na direita, temos a mesma imagem com invasão de tons amarelados; e no centro, temos a invasão de cores devidamente neutralizada e com o equilíbrio de branco ajustado, trazendo assim a imagem mais próxima à situação real na hora da captura.

Ajustes de luz

Esta talvez seja a etapa mais importante da revelação. Tendo em vista que uma fotografia só pode acontecer com a presença de luz, é natural que essa etapa tenha tanta importância nesse processo. O primeiro ajuste a ser feito é a da exposição, nome que faz alusão àquele conceito já abordado da quantidade de luz que o sensor absorve. Por isso, essa etapa é responsável por adicionar ou remover o brilho da nossa imagem, aumentando ou diminuindo a exposição. Imagens que tiveram iluminação excessiva demandam abaixar um pouco a exposição na revelação, enquanto imagens que ficaram muito escuras demandam um aumento nesse valor.

Além da exposição, os softwares também costumam disponibilizar um ajuste individual para áreas de luz e sombra, ou seja, é possível adicionar ou remover brilho apenas nessas duas áreas. Esse ajuste é ótimo para situações em que a imagem tem um céu estourado ou um primeiro plano mais escuro por causa da contraluz. Nesse caso, é possível diminuir a iluminação nas áreas de brilho e aumentar nas áreas de sombra, ajustando essas áreas da imagem de maneira individual, o que gera um resultado muito próximo ao que obtivemos na figura 2.3.

Nitidez

Algo comum de acontecer na hora da captura é a imagem ficar com a nitidez comprometida. Isso pode acontecer por alguns motivos, como uma pequena movimentação na câmera no momento da captura, erro no foco, alguma influência de atmosfera (como fumaça e névoa). Para uma analogia mais clara, podemos considerar que a nitidez é o oposto do desfoque.

Figura 2.5 – Demonstração de nitidez: (a) imagem original e (b) com ajuste de nitidez

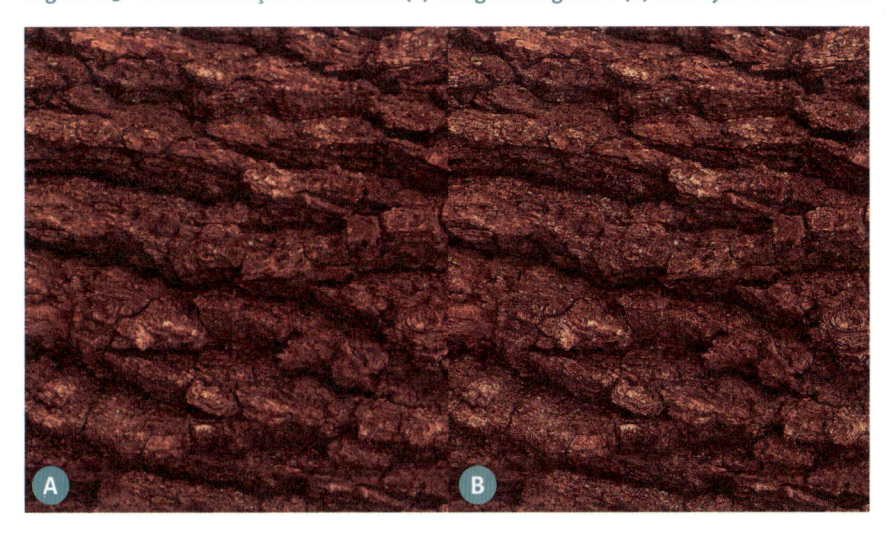

A figura 2.5 é um zoom em uma pequena área de um tronco de árvore, que foi duplicada e encaixada lado a lado. A imagem da esquerda é a fotografia original, sem qualquer ajuste de nitidez. Já no fragmento da direita, foi acrescentada nitidez, deixando as arestas mais demarcadas e enfatizando ainda mais a presença da textura na imagem. Situações em que o aumento de nitidez costuma ser necessário são: quando realizamos a revelação de uma imagem raw, quando precisamos aproximar ou cortar um espaço pequeno da imagem, ou ainda quando buscamos ressaltar a textura do objeto fotografado.

Saturação

Uma vez que a imagem tem a iluminação e a nitidez devidamente ajustadas, pode ser iniciado o processo de ajuste da saturação da foto. A saturação é o ajuste que define o quão vibrante serão as cores da nossa imagem, isto é, quanto maior a saturação, mais vibrantes e intensas as cores da nossa imagem se tornam. Da mesma maneira, se a saturação for diminuída, as cores vão se tornando cada vez menos intensas até chegar no branco e preto. Em razão disso, é importante analisar nessa etapa a intensidade das cores antes de se iniciar o ajuste. Em uma imagem com baixa intensidade de cores, comumente é necessário o aumento dessa saturação.

Figura 2.6 – Demonstração de saturação: (a) imagem acinzentada e (b) com ajuste de saturação

Na figura 2.6, observamos que a imagem da esquerda está um tanto "acinzentada", ou seja, com a intensidade das cores muito baixa. Em casos como esse, comumente é necessário aumentar a intensidade das cores, aplicando saturação nelas até encontrar um resultado como na imagem da direita. No entanto, sempre que for necessário um ajuste de saturação, é preciso utilizar o bom senso para não acabar saturando muito a imagem, gerando aquele resultado com cores rasgadas ou entupidas. Isso é o que comumente chamamos de "edição destrutiva", ou seja, quando aplicamos a edição e obtemos um resultado com a qualidade inferior à da imagem original.

Uma outra maneira de realizar esse processo de saturação é trabalhar ajustando os canais individualmente, ou seja, em vez de aumentar a saturação da imagem como um todo, ir ajustando cor a cor, tendo em vista que muitas vezes as cores da imagem demandam um nível de saturação diferente.

Correção e restauração de imagens

Uma etapa fundamental e que comumente é esquecida pelos profissionais no processo de edição de imagens é a de correção e restauração. Isso ocorre porque, em diversas situações, deparamo-nos com o que chamamos de "distrações" nas imagens, que podem ser desde uma sujeira no objeto fotografado até a necessidade de remover elementos da cena. Esses ajustes são muitas vezes realizados com o que chamamos de "ferramentas de correção", presente em diversos softwares.

A seguir, listamos algumas situações em que correções e restaurações de imagens são recomendadas.

Distrações

Pode ser considerado uma distração tudo aquilo que atrapalhe a compreensão da imagem. Podem ser elementos que sobreponham o principal objeto a ser fotografado, sujeiras deixadas no local da cena ou quaisquer outros elementos que tirem o foco do observador do objeto principal a ser retratado. Em todas essas situações, a correção é recomendada.

Por esses motivos, sempre que optarmos por fazer a edição de uma imagem, é importante ter a sensibilidade de observar e identificar esses elementos que prejudiquem a leitura do observador. Um fluxo interessante para se fazer isso é inserir uma marcação nesses elementos, removê-los e analisar o antes e depois.

Figura 2.7 – (a) Imagem original, (b) com marcação para remoção de distrações e (c) com distrações removidas

Observe a figura 2.7a, na qual visualizamos um orangotango em uma árvore. A primeira etapa é identificar quais são os elementos que podem causar distração ou atrapalhar o observador na hora de interpretar a imagem. Após essa identificação, é interessante fazer uma demarcação nesses objetos, como demonstra a figura 2.7b. Uma vez definidas essas áreas, já podemos iniciar o processo de remoção das informações. Nesse momento, é importante comparar a imagem antes e depois das remoções, a fim de observar se ela não se tornou muito vazia com a eliminação desses elementos. Se essa análise foi feita e o resultado for satisfatório, a etapa de eliminação de distrações pode se dar por encerrada (figura 2.7c).

Outro cuidado interessante para essa etapa de remoção de distrações é o fato de ocasionalmente existirem elementos que aparentam estar "atravessando" o protagonista da imagem. Nesses casos, o ideal é remover esses elementos para evitar a sensação de ter elementos "furando" o protagonista.

Restauração de imagens

A restauração de imagens pode ser necessária por diversos fatores, mas os mais comuns são os gerados por exposição ao tempo, como amassados, dobras, queimas e arranhões. Um bom exemplo para entender isso visualmente é uma foto antiga.

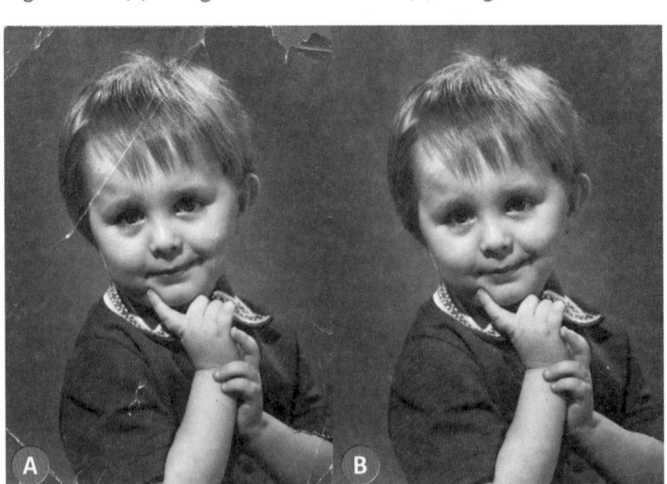

Figura 2.8 – (a) Fotografia com avarias e (b) fotografia restaurada

A figura 2.8a apresenta diversas marcas de exposição ao tempo, enquanto a figura 2.8b já foi corrigida e restaurada. Esse processo de restauração não se limita apenas a situações com fotos antigas, podendo tranquilamente ser aplicado em outras situações, como imagens rasgadas, sujas, etc.

Retoque de pele

As técnicas de correção também são bastante aplicadas em situações estéticas. Dependendo do objetivo da imagem, pode ser necessário retirar espinhas, cravos, feridas, cicatrizes, rugas, entre outros. Esse tipo de situação é mais comum do que parece, em especial quando é utilizada em um contexto de beleza, saúde e estética.

Figura 2.9 – Retoque de pele: (a) pele natural e (b) remoção de marcas da pele

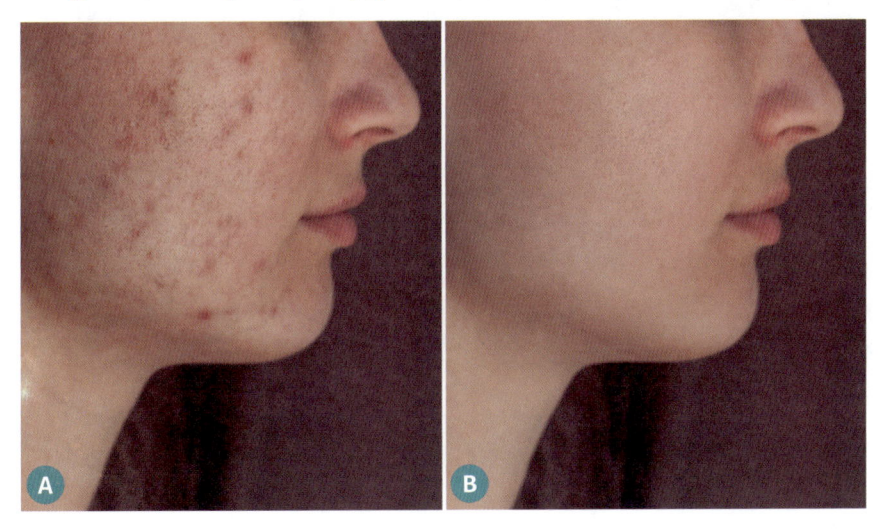

No entanto, diferentemente de outras situações, o processo de correção de rostos humanos tende a ser um pouco mais delicado, uma vez que estamos acostumados a ver rostos a todo momento, criando uma memória dessa anatomia. Isso significa que qualquer correção mal executada, que tende a "deformar" de certo modo o rosto, fica muito evidente aos nossos olhos, por isso, existem duas situações que devemos prestar muita atenção na hora de ajustá-las. Essas duas situações serão facilmente entendidas ao analisarmos a figura 2.10.

Figura 2.10 – Erros comuns no processo de correção: (a) deformação do rosto e (b) correção causando manchas na pele

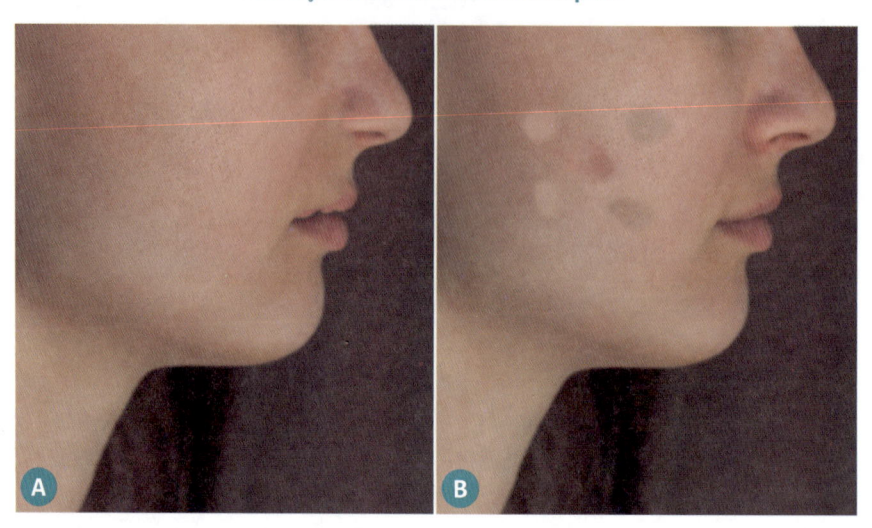

Na figura 2.10a, é possível observar que o processo de correção deformou o nariz e a boca da modelo, justamente porque foram utilizadas ferramentas de recuperação próximo a essas áreas de contraste e linhas de expressão, o que, como comentado anteriormente, evidencia que ocorreu um processo de restauração destrutivo, deformando a face da modelo.

DICA

Evite utilizar as ferramentas de correção em cima de áreas como sobrancelhas, nariz, boca, olhos e umbigo, pois elas tendem a deformar a figura retratada.

Já na figura 2.10b, notamos que o processo de correção claramente manchou a pele da modelo na área da bochecha. Esse tipo de fenômeno é comum, portanto, sempre devemos estar atentos para que não aconteça, pois esse tipo de situação deixa claro que ocorreu um processo de restauração destrutivo na imagem.

TRATAMENTO COM REFERÊNCIAS FOTOGRÁFICAS

Conforme já tratado brevemente no capítulo 1, "referência" é um termo que escutamos muito no universo da computação gráfica. Por pertencermos a uma área muito visual, é fácil sairmos em busca de referências para aquilo que estamos buscando produzir. O levantamento de referências é parte fundamental do processo de edição de imagens. Essas referências podem vir de diversas formas, como por bagagens culturais (músicas, filmes, séries, museus) ou até mesmo por sites de portfólios mais direcionados ao mercado criativo, como o Behance e o Dribbble.

A busca de referências também é uma ferramenta muito potente para sanar o que chamamos de bloqueio criativo, ou seja, quando temos alguma demanda na qual não sabemos o caminho para executá-la. A partir do momento que visualizamos as soluções alcançadas por outros profissionais, podemos entender melhor o processo para que cheguemos ao resultado que buscamos. Também pode ser útil para bases mais específicas, como entender o comportamento da luz em determinado material, bem como refração e reflexão.

IMPORTANTE

É importante deixar clara a diferença entre plágio e inspiração. Em resumo, o plágio é quando utilizamos um trabalho desenvolvido por outro profissional como nosso resultado final, enquanto a inspiração é quando nos baseamos em elementos daquele trabalho para que possamos desenvolver algo novo, muitas vezes combinando elementos de diversas fontes diferentes para chegar a um resultado autoral e com a nossa própria personalidade.

Trabalhar com referências também ajuda na otimização do processo, ou seja, evita que precisemos ficar fazendo diversas experimentações, muitas vezes sem rumo. É óbvio que experimentação faz parte do processo de produção gráfica, porém, quanto mais direcionado for o processo, menor a possibilidade de obter um resultado indesejado e perder tempo com retrabalhos e ajustes que poderiam muito bem ter sido evitados com um simples levantamento de referências.

Uma ferramenta que pode ajudar muito no levantamento dessas referências é desenvolver o que chamamos de painel semântico (ver capítulo 1). Trata-se de um arquivo no qual são colocadas diversas imagens e referências visuais que possam contribuir criativamente com a solução de determinado projeto, em que a solução costuma vir da união de elementos levantados no painel. Os painéis também são utilizados em outras áreas, como arquitetura, design de interiores e design gráfico.

Referências de colorização

Uma das áreas em que a busca por referências mais pode ser assertiva é a de paleta de cores. Isso ocorre porque sabemos que existem cores que harmonizam entre si e que podem despertar determinados sentimentos e sensações no observador. Por exemplo, o azul transmite um sentimento de calmaria, enquanto o vermelho pode até mesmo aumentar a pulsação sanguínea. Cores são frequências, e frequências podem nos afetar de diferentes formas – e devemos utilizar esses conhecimentos a nosso favor. Neste tópico, vamos utilizar referências para colorização, bem como explicar como os arranjos cromáticos se comportam em cada uma delas.

Tudo parte do que conhecemos como círculo cromático (figura 2.11), ou roda de cores. O círculo cromático é montado de modo que organiza as cores primárias (amarelo, azul e vermelho), secundárias (violeta, verde e laranja) e terciárias (cores que preenchem o intervalo entre as cores primárias e secundárias). É importante conhecer esse círculo porque, com base nele, foram desenvolvidas diversas combinações de cores, chamadas de arranjos cromáticos na teoria de cores.

> [Johannes] Itten considera a elaboração do círculo cromático um ponto de partida para todo trabalho com a cor, pois é por sua construção, misturando os pigmentos das cores primárias (amarelo, magenta e azul), que entendemos e classificamos as cores (Barros, 2006, p. 92).

O pensamento de Johannes Itten deixa claro que toda escolha cromática deve partir do conhecimento do círculo cromático, que deve ser utilizado como ponto de partida para qualquer trabalho que envolva etapas de colorização.

Figura 2.11 – Círculo cromático

Harmonia de cores

Boa parte das colorizações que são feitas em imagens bitmap partem de esquemas de cores (figura 2.12), também chamados de arranjos cromáticos. Essa técnica de combinação de cores com base no círculo cromático, se utilizada da maneira correta, traz harmonia e pode, inclusive, despertar sentimentos e sensações no observador, algo que é muito explorado pelas produções de cinema, por exemplo.

> Podemos imaginar uma regra geral segundo a qual todos os pares de complementares, todas as tríades cujas cores formam triângulos equiláteros ou isósceles no Círculo de 12 cores, e todos os tetraedros que formam quadrados ou retângulos sejam harmônicos. [...] Uma combinação harmônica pode variar de diversas formas. As figuras geométricas utilizadas (triângulos equilátero e isósceles, quadrado e retângulo) podem ser desenhadas de qualquer ponto do círculo (Itten *apud* Barros, 2006, p. 94).

Quando a edição de cor é feita com base no círculo cromático, facilita muito o processo de harmonização entre as cores, ou seja, esteticamente, o resultado tende a ser agradável ao observador. Mas é importante ressaltar que, quando trabalhamos com cores, não buscamos apenas a parte estética, mas também a parte psicológica, isto é, os sentimentos e sensações que aquele esquema cromático pode causar em quem o visualiza.

Figura 2.12 – Esquemas de cores

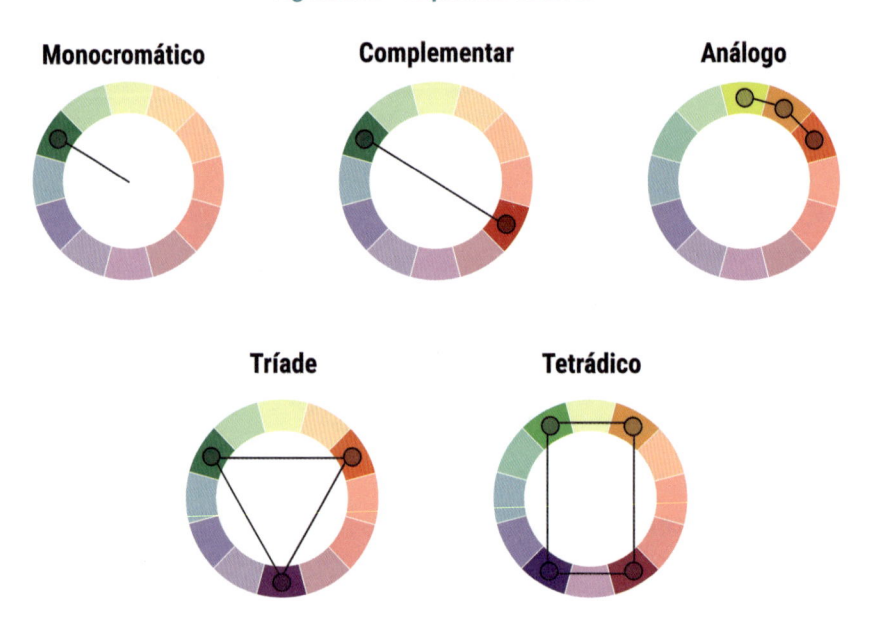

Monocromático **Complementar** **Análogo**

Tríade **Tetrádico**

Cores quentes e frias

Podemos dizer que o círculo cromático pode ser dividido em dois grandes grupos: o das cores quentes e o das frias. Essa divisão foi feita com base nas cores amarelo e azul, que comumente são associadas a temperaturas quentes e frias. Isso ocorre porque o amarelo (junto com o laranja e o vermelho) em geral é associado ao fogo e ao sol, elementos que remetem ao calor. De maneira oposta, o azul é associado ao gelo e à neve, remetendo imediatamente ao frio.

Em razão disso, podemos repartir o círculo cromático ao meio, em que metade das cores são associadas a cores frias, e a outra metade, a cores quentes (figura 2.13).

Figura 2.13 – Divisão de cores quentes e frias no círculo cromático

Cores quentes　　**Cores frias**

Fabris e Germani (*apud* Neves, 2000), no livro *Color: proyecto y estética em las artes gráficas*, fizeram um estudo em que associavam as cores quentes e frias a alguns adjetivos. Isso pode servir para direcionar o sentimento que você deseja passar ao observador por meio da colorização da imagem de seu projeto.

Quadro 2.1 – Adjetivos relacionados a cores quentes e frias

CORES QUENTES	CORES FRIAS
Ensolarado	Sombrio
Opaco	Transparente
Estimulante	Calmante
Denso	Diluído
Terreno	Aéreo
Perto	Longe

Fonte: adaptado de Fabris e Germani (*apud* Neves, 2000, p. 28).

Monocromático

Este pode ser considerado o arranjo cromático mais simples que existe, porque é utilizada apenas uma cor do círculo cromático, porém aplicada em tons mais claros e mais escuros em determinadas áreas da imagem, algo semelhante a quando aplicamos um filtro de uma cor só. Por partir de apenas uma cor, esse arranjo causa uma sensação confortável aos olhos, um maior sentimento de harmonia. Obviamente que, dependendo da cor e contexto que é utilizado, pode passar algum sentimento diferente, muito conectado com o que vimos no quadro 2.1.

Figura 2.14 – Harmonia monocromática

Na figura 2.14, por exemplo, como traz uma coloração quente em maior evidência (algo próximo ao laranja), o objetivo era trazer algo estimulante, com as emoções afloradas. Isso é mais bem compreendido com o contexto da imagem, que retrata um motoqueiro em uma estrada, que passa a sensação de adrenalina, quebra de limites e até mesmo de perigo, por ser uma coloração próxima ao vermelho. Nesse caso, a escolha da coloração colaborou com essas sensações.

Complementar

Este é o arranjo cromático que combina duas cores diretamente opostas do círculo cromático. Por essa combinação pegar colorações dos dois lados, inevitavelmente temos uma combinação de uma tonalidade quente com uma fria, gerando um contraste forte onde as duas cores têm espaço para se destacarem na imagem.

Figura 2.15 – Harmonia complementar

Na figura 2.15, por exemplo, temos a combinação mais comum de cores complementares, a chamada "teal and orange", uma combinação de laranja com azul. Nessa combinação, as áreas claras da imagem são mais puxadas para o laranja, enquanto as mais escuras puxam para o azul; o resultado é um alto contraste, porém com uma sensação de equilíbrio, justamente por partirem de cores opostas no círculo cromático.

As cores complementares também podem, em algumas situações, estar associadas a oposições e conflitos, como o mal e o bem, por exemplo. O primeiro filme da trilogia *Homem-Aranha*, com o ator Tobey Maguire como Peter Parker, tinha como principal vilão o Duende Verde, gerando assim uma sensação de oposição entre o vermelho do Homem-Aranha e o verde do Duende, muito motivada pela busca por passar essa sensação de conflito, de que são inimigos.

Análogo

Este é o arranjo cromático que combina três cores vizinhas do círculo cromático. Assim como no monocromático, o uso de cores vizinhas costuma ser confortável e agradável ao olhar, justamente por não conter cores muito contrastantes entre si. Trazendo para uma realidade mais próxima, esse arranjo cromático é encontrado no fogo (vermelho, amarelo e laranja) e na natureza (verde, verde-azulado e verde-amarelado). Perceba que, ainda que eles possam causar sensações totalmente diferentes, ambos são agradáveis de se ver, parecendo naturais ao nosso olhar.

Figura 2.16 – Harmonia análoga

Na figura 2.16, a colorização aplicada contribui com o sentimento de paz, sossego e calmaria. Perceba também como ela se conecta com o que sentimos quando estamos em contato com a natureza. Isso mostra que a colorização feita de maneira correta pode intensificar uma sensação que a própria imagem já traz.

Tríade

Este esquema de cores pode ser considerado como um meio termo entre o complementar e o análogo. Isso porque ele garante um bom contraste de cores (levemente menos intenso que o complementar), porém com uma boa harmonia, justamente porque ele pega três cores de intervalos iguais no círculo cromático, gerando uma sensação agradável ao olhar. Essa combinação costuma ser utilizada em cenas de ação ou até mesmo quando buscamos retratar algo tecnológico, como a cultura cyberpunk, por exemplo.

Figura 2.17 – Harmonia em tríade

Perceba como na figura 2.17 a escolha de cores nos faz remeter a um universo tecnológico, ao mesmo tempo que retrata uma cena de ação. Além disso, as cores se tornam bem vibrantes, justamente por serem um tanto distantes entre si, quando observamos o círculo cromático.

Tetrádico

Este é o esquema de cores que combina duas cores complementares no círculo cromático. Isso significa que basta fazer um retângulo qualquer na roda de cores para utilizar o sistema tetrádico. Ele é um sistema harmônico, porém deve ser utilizado com cuidado. Pelo fato de conter 4 cores na sua composição, é necessário ter muito bom senso para que ele não pareça muito poluído, causando um descontrole cromático na cena.

Esse esquema de cores costuma ser utilizado em imagens que tendem a trazer um ar mais infantil (justamente pelo fato das crianças se sentirem atraídas por coisas coloridas), ou quando queremos retratar mundos de fantasia, encantados, mágicos, fictícios, etc.

Figura 2.18 – Harmonia tetrádica

A figura 2.18 causa uma sensação de equilíbrio (por conter 2 pares de cores complementares), é agradável ao olhar e transmite ar de fantasia. Observe também que ela não é poluída, justamente por utilizar as quatro cores em intensidades controladas entre si.

Referências de exposições

Além das cores, outro elemento que deve ser agregado nas nossas imagens é o que chamamos de exposição. Isso acontece porque, assim como as cores, a diferença de intensidade luminosa (uma imagem mais clara ou mais escura) pode trazer diferentes sensações ao observador.

Imagens mais escuras costumam ser utilizadas para passar sensações como mistério, suspense, agonia, incômodo e tristeza. Em razão disso, costumam harmonizar melhor com cores frias, por trabalharem em uma mesma linha de sentimentos e emoções que querem passar. As imagens mais claras, por sua vez, estão associadas a sentimentos totalmente inversos, elas buscam trazer alegria, conhecimento, descoberta, emoção, entre outros. Por esse motivo, inclusive, muitos fotógrafos de casamento buscam clarear as fotografias de noivas, para passar esse sentimento de alegria, cuidado e emoção que traduzem bem o momento pelo qual elas estão passando.

Assim, concluímos que devemos utilizar os fatores colorização e iluminação a nosso favor no processo de edição de qualquer imagem, visto que, como observado neste capítulo até aqui, ambos podem servir como ferramentas para deixar sua imagem ainda mais impactante, provocando e direcionando sensações em seu observador.

FUSÃO E MANIPULAÇÃO DE IMAGENS

Um processo desafiador para muitos profissionais da área gráfica é quando precisamos fazer uma fusão de imagens, ou montagem. Esse processo consiste em pegar elementos de diferentes imagens e combiná-los de uma maneira que se conectem e pareçam convincentes para quem visualiza.

Esse processo costuma ser desafiador porque existem diversos detalhes que devem ser observados com muita atenção antes de combiná-los, e uma combinação malfeita pode ficar muito evidente para o observador. Neste tópico, abordaremos a construção de uma imagem salientando os principais pontos de atenção no processo de construção para que possamos evitar eventuais inconsistências.

Definição do conceito

Toda construção de imagem deve partir de um objetivo traçado. Para isso é válido ter perguntas provocativas no sentido de "O que quero retratar nessa imagem?" ou "Qual sensação quero provocar no observador?". Claro que esses são apenas alguns exemplos, mas podem ser importantes para ter uma definição mais clara de qual é o objetivo na construção daquela imagem.

Para usarmos como base do que será abordado aqui, vamos definir como conceito uma cidade abandonada, onde está prestes a acontecer uma batalha entre um ser humano misterioso e uma criatura.

Busca e pesquisa por imagens

Esta, sem dúvida, é a parte mais importante do processo. Isso ocorre porque nessa etapa já é necessário buscar imagens que conversem entre si. É importante entender que, por mais potentes que os softwares de edição possam ser, existem alguns ajustes que não conseguimos fazer, mesmo tendo toda a técnica necessária.

Existem também perguntas provocativas que podem ajudar nesse processo, por exemplo: "como imagino o resultado dessa imagem?", "quais imagens e elementos contêm nela?" e "quais palavras-chave posso utilizar nas pesquisas para encontrá-las?". Junto a essas perguntas, já é importante iniciar as pesquisas de referências, isto é, pesquisar em sites como Behance e ArtStation imagens que se assemelhem conceitualmente com a que busca construir. Com elas em mãos, deixe-as armazenadas em uma pasta ou monte um painel semântico.

Ao fazer a pesquisa por imagens para o conceito definido, é necessário se atentar, entre outros elementos, à iluminação e à perspectiva, pois não é possível fazer esses ajustes posteriormente; além disso, inconsistências nesses elementos são muito evidentes para quem observa a imagem.

Iluminação

Este é um ponto que é necessário ter atenção na hora da busca de imagens para a composição: a iluminação. Isso pode parecer estranho a princípio, pois sabemos que é totalmente possível fazer ajustes de brilho, como controle de altas luzes, meio tom e sombras, conforme já abordado anteriormente. No entanto, aqui o ponto de atenção não é sobre intensidade luminosa, mas, sim, sobre direção de iluminação.

Figura 2.19 – Direção de iluminação: (a) direção correta e (b) direção incorreta

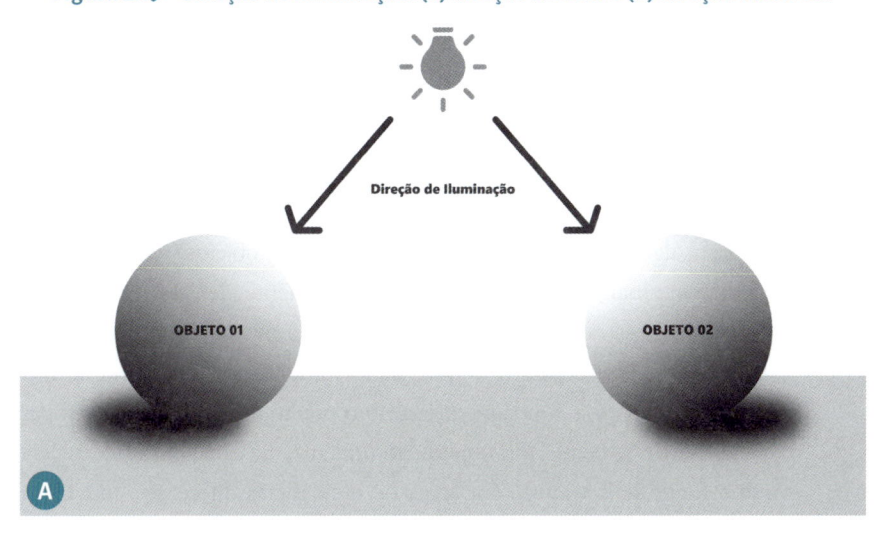

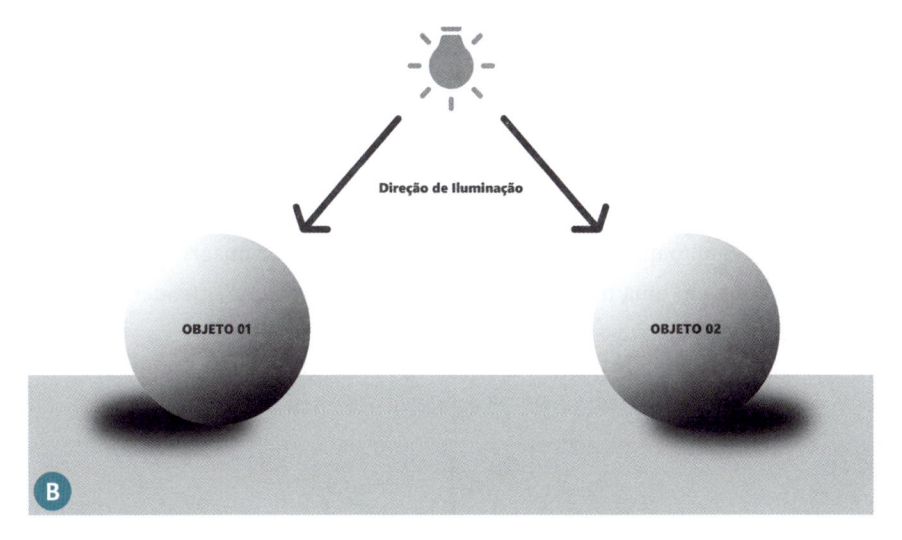

Para facilitar o entendimento desse conceito, observe a figura 2.19a. Perceba que o ambiente está sendo iluminado por uma lâmpada superior, que está localizada exatamente entre dois objetos, representados por duas esferas. Por estarem sendo iluminados por apenas uma fonte de luz (lâmpada), ambos os objetos serão atingidos apenas pela direção luminosa dela, de maneira igual. Observe também que, junto com a direção de iluminação, são feitas as áreas de sombra nos objetos, bem como as sombras projetadas na superfície. Em razão desses três elementos alinhados (direção de iluminação, incidência de luz no objeto e projeção de sombra), temos essa sensação de naturalidade, justamente porque a "vida real" funciona dessa maneira, e nosso olho absorve isso a todo instante.

Já ao observar a figura 2.19b, é normal que ela já cause uma estranheza logo à primeira vista. Mesmo que de modo inconsciente, nosso olho já acusa que existe algo errado na conexão entre esses dois objetos. Analisando de uma maneira mais técnica, podemos tranquilamente identificar o erro que nos causa essa estranheza: o objeto 1 está com a incidência de luz errada. Perceba como esse "estouro de luz" não acompanha a direção de iluminação fornecida pela lâmpada, enquanto o objeto 2 tem as características corretas para essa cena. Dois objetos em uma mesma cena, iluminados pela mesma fonte de luz, mas com áreas de incidências diferentes, imediatamente resulta em uma situação que não acontece na realidade. Esse é o motivo dela causar estranheza, e essa sensação de que o objeto não está ali, e que deve ser evitado caso o objetivo seja uma fusão de imagens convincente ao observador.

Perspectiva

Outro ponto que devemos ter atenção na escolha de imagens é verificar se elas seguem uma mesma perspectiva. Vamos procurar entender esse conceito de maneira visual. Observe a figura 2.20.

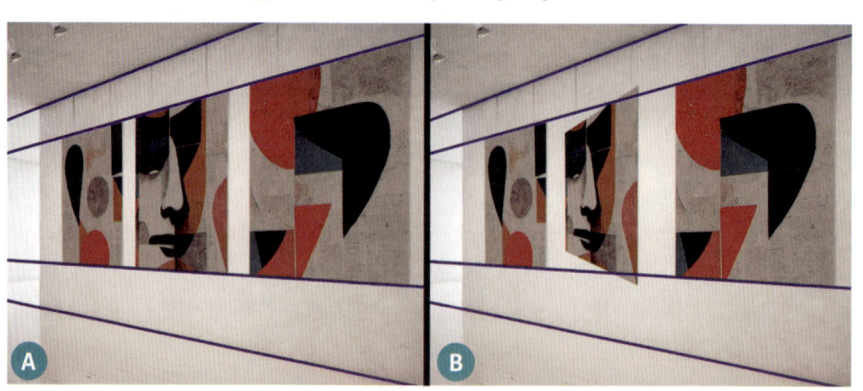

Figura 2.20 – Exemplo de perspectiva

A figura 2.20 apresenta um corredor com algumas pinturas expostas na parede. Na figura 2.20a, tudo aparenta normal, com os quadros alinhados e na perspectiva correta. Mas, quando comparamos com a figura 2.20b, percebemos nitidamente que o quadro do meio está seguindo uma "direção" diferente dos demais, parece até mesmo estar flutuando. Essa "direção" é a perspectiva da parede. As linhas traçadas deixam isso ainda mais claro: na figura 2.20a as linhas formadas entre os quadros seguem uma perspectiva perfeita, mas, na figura 2.20b, o quadro do centro segue uma linha de perspectiva totalmente diferente dos demais.

Novamente, devemos estar atentos a esse conceito na hora da construção de uma imagem, pois, além de acusar imediatamente aos olhos que se trata de uma montagem, é algo que muitas das vezes não conseguimos corrigir nos softwares de edição.

Composição

Com o conceito definido, pesquisas feitas e já com algumas imagens selecionadas, é hora de começar a pensar na composição. O primeiro passo é definir as medidas de sua imagem: qual será a orientação (vertical, horizontal, panorâmica)? Há alguma medida ou proporção estabelecida? Após responder essas perguntas, podemos iniciar o processo comumente chamado de "blocagem", o primeiro passo da composição.

Blocagem

A blocagem consiste em começar a posicionar os elementos em cena para analisá-los e ver se conversam entre si. É uma etapa de experimentação, buscando entender o melhor lugar e a melhor imagem para representar cada um dos elementos. Aqui a ideia não é deixar a imagem perfeita, é simplesmente posicionar os elementos na cena e ver se funcionam juntos, conferindo as perspectivas e as direções de iluminação.

Para essa etapa, é costumeiro definir uma imagem principal e fazer com que as outras funcionem em conjunto. Por exemplo, como o céu costuma ser o elemento que dita a direção de luz da cena, utilizá-lo como elemento principal contribui para que você não selecione elementos que tenham uma direção de iluminação diferente, evitando assim um erro comum e que causa estranheza ao observador.

Figura 2.21 – Imagem blocada

Além da iluminação e da perspectiva, mencionadas anteriormente, também é importante se atentar à escala dos elementos, mantendo a coerência. Por exemplo, não podemos colocar um carro maior que uma casa, ou um guindaste menor que um caminhão. Por mais que isso possa soar absurdo, às vezes não nos atentamos a esse conceito que é tão importante no processo de fusão de imagens.

IMPORTANTE

Nesta etapa, pode ser útil também se apoiar em regras de composição da fotografia, como regra dos terços, proporção áurea, regra das metades e framing. Elas ajudam a imagem a ficar mais equilibrada e funcional.

Fazendo a imagem funcionar

Com a etapa de blocagem finalizada, ou seja, com os elementos já posicionados e a composição da imagem definida, é hora de começar os ajustes para que os elementos realmente aparentem estar onde estão. É hora de trabalhar nos recortes, equilíbrio de luz, ajuste de cores, nitidez, limpeza de cena, entre outros.

Uma dica interessante para essa etapa é trabalhar sempre com esses elementos de maneira individual, ou seja, ajuste o elemento 2 até ele funcionar com o 1. Em seguida, ajuste o 3 até funcionar com o 1 e o 2, e assim por diante. Podemos adicionar efeitos, névoas, sombras, texturas, enfim, o que for necessário para que os elementos se conectem entre si e pareçam convincentes ao espectador. Utilizar névoas e elementos de primeiro plano, por exemplo, ajuda a passar uma sensação de "profundidade" para a imagem. Isso ocorre porque a névoa ajuda a dividir os vários planos da imagem, algo semelhante ao que acontece com o efeito de atmosfera. Uma imagem com profundidade é muito mais imersiva e ajuda a tirar a sensação de "chapada" que uma imagem 2D pode passar.

Finalização

Chegou o momento dos ajustes finais. Sabe aquela "cereja do bolo"? Essa é a hora! Agora que encaixamos todos os elementos, e eles já funcionam em conjunto, vamos fazer os ajustes gerais na nossa imagem, isto é, os ajustes aplicados na imagem como um todo.

Figura 2.22 – Imagem com ajustes de finalização

Entre as técnicas utilizadas para a finalização da nossa imagem, uma delas é a vinheta, na qual escurecemos levemente as bordas da imagem, bem como os elementos menos importantes para que a própria imagem direcione a atenção do observador para o foco. Também foi feito um processo de colorização, como o conceito da imagem escolhido foi de batalha, era natural colorizá-la com cores mais quentes. A cor do personagem de capuz é azul justamente para criar essa sensação de "oposição" ao monstro, sentimento transmitido por meio das cores complementares.

Figura 2.23 – Imagem finalizada

DICA

Durante o processo de finalização, ou mesmo após a finalização da imagem, é interessante deixá-la "quieta" e abri-la novamente após uns dois ou três dias para ver se tem algo a ser ajustado. Quando estamos muito tempo observando uma mesma imagem, o cansaço da vista pode fazer com que não percebamos alguma imperfeição, por isso, fechar a imagem e abri-la alguns dias depois é uma ótima maneira de evitar esse problema.

CONSIDERAÇÕES FINAIS

Este capítulo teve como objetivo mostrar e esclarecer as principais etapas de construção e edição de uma imagem bitmap, do início ao fim, servindo até mesmo como uma espécie de "guia" de construção de imagens. Isso significa que, se os conhecimentos abordados aqui forem utilizados corretamente, o processo tende a ser muito mais assertivo, evitando "retrabalhos", desperdício de tempo e outros problemas que podem ocorrer no processo.

Este conteúdo pode também servir de consulta em um projeto ou até mesmo ajudar naquele bloqueio criativo que tanto assombra os profissionais de computação gráfica. A expectativa é que você possa aprofundar os temas abordados aqui, uma vez que agora consegue visualizar um caminho mais claro de processos para buscar esse aprofundamento.

CAPÍTULO 3

Vetorizando

Você sabe o que são vetores?

Ao adentrar o mundo do design gráfico, é comum encontrar certa perplexidade em torno do conceito de vetores. Para desvendar esse enigma, é essencial compreender como eles são utilizados e as implicações que têm no processo criativo. Dominar essa técnica é fundamental para explorar todo o potencial do design gráfico.

O QUE É VETOR

Ao pesquisar sobre imagens em design, é comum aparecerem as palavras vetor e bitmap nos resultados da pesquisa. Quando se é iniciante, isso pode ser muito confuso, principalmente se não se compreende bem a diferença entre esses dois termos. Além disso, muitas vezes a palavra vetor vem associada a conceitos de matemática. Isso mesmo, matemática!

> [...] diversas grandezas físicas exigem para sua completa determinação, além de um valor numérico, o conhecimento de sua direção orientada. Tais grandezas são denominadas grandezas vetoriais ou simplesmente vetores (Miranda; Grisi; Lodovici, 2015, p. 1).

Vetores são propriedades matemáticas utilizadas como base na codificação de programas vetoriais. Vamos procurar simplificar seu conceito para tornar a compreensão de vetor um pouco mais leve, desmascarando sua fama de "vilão", afinal, vetor é o melhor amigo dos designers.

Em design gráfico, um vetor se refere a uma imagem, ou gráfico, criada com o uso de um software de desenho vetorial. Esse tipo de imagem é composto por pontos, linhas, curvas e formas matematicamente definidas, diferentemente das imagens rasterizadas, que são compostas por pixels individuais. Imagens raster, conforme vimos no capítulo anterior, são compostas por uma grade de pixels individuais que formam um conjunto em que cada pixel contém uma cor.

Figura 3.1 – Diferença da aplicação de uma imagem vetorizada e uma imagem raster com baixa resolução

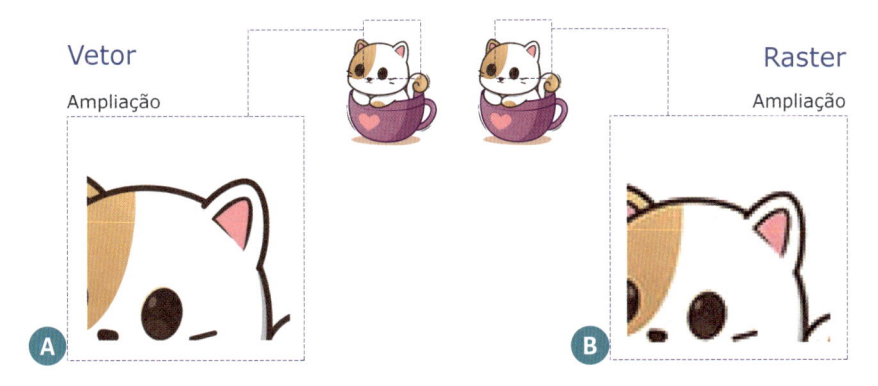

Vetor
Ampliação

Raster
Ampliação

A   B

Na figura 3.1a, temos uma imagem em formato vetorial, em que formas, linhas, curvas e pontos são constituídos por relações matemáticas, permitindo uma imagem mais complexa e de boa qualidade. Já na figura 3.1b, temos a mesma imagem em formato raster com a grade de pixel formando uma imagem. Notamos que, ao ampliar a imagem, a figura 3.1b fica desfocada. Isso acontece porque a grade de pixel da imagem raster é diretamente afetada por sua resolução, que, ao ser aumentada, pode resultar em uma aparência pixelizada ou borrada.

Na figura 3.2, é possível observar como o desenho vetorial é composto por formas, linhas, curvas e pontos que, aliados a cores, preenchimentos, espessuras e um bom olhar do designer, se juntam criando uma composição final.

Figura 3.2 – Construção de desenho vetorial até a finalização com preenchimento

Desenho de todas as partes   Sobreposição das partes   Desenho completo

IMPORTANTE

Na tela do computador ou celular, uma imagem vetorial é reproduzida por pixels, mas não são formadas por eles. Isso acontece porque os monitores contêm pixels para reproduzir as imagens conforme a sua resolução.

Agora que entendemos a diferença entre vetor e raster, podemos afirmar que são as equações matemáticas que definem as linhas, pontos e curvas e a composição final, mas não precisamos nos preocupar com isso, pois os softwares que utilizamos já fazem essa interpretação para nós.

A vantagem de tudo isso é que essa suposta complexidade do vetor o torna muito mais interessante, trazendo consigo algumas características que facilitam muito a vida do designer. Entre tantas, destacamos aqui a escalabilidade e a flexibilidade, que permitem uma edição muito mais intuitiva e dinâmica dos elementos da ilustração criada.

- **Escalabilidade:** é a capacidade de redimensionar uma imagem em qualquer tamanho sem perder a qualidade, assim como foi demonstrado na comparação da figura 3.1.

- **Flexibilidade:** permite que a ilustração desenvolvida possa ser adaptada e produzida com facilidade e dinamismo em diferentes tamanhos e para diversos usos e plataformas, já que os pontos e as curvas contidas na ilustração podem ser facilmente manipulados, assim como o preenchimento, as espessuras e as formas. Na figura 3.3, é notável que, além do tamanho, podemos com facilidade manipular espessuras, posições de elementos, formas e preenchimento.

Figura 3.3 – Sequência de imagens vetoriais com manipulações no posicionamento, colorização e tamanho

Primeira versão da ilustração

Versão com posicionamentos diferentes

Versão com posicionamentos, colorização e tamanho diferentes

Vantagens de uso de vetor

As principais diferenças entre uma imagem vetorial e uma imagem rasterizada estão relacionadas à forma como são criadas, representadas e processadas. Imagens vetoriais e rasterizadas têm vantagens e aplicações distintas (quadro 3.1).

Quadro 3.1 – Diferenças entre imagem vetorial e imagem rasterizada

	IMAGEM VETORIAL	IMAGEM RASTERIZADA
Composição	Composta por objetos geométricos, linhas, pontos, caminhos e curvas que permitem a escalabilidade por serem definidos matematicamente, preservando a qualidade.	Composta por uma matriz (linha e coluna) de pixel contendo cor e posição. Quando ampliada, afeta a qualidade de pixel.
Escalabilidade	Pode ser escalada infinitamente sem perda de qualidade. Os objetos são redefinidos matematicamente ao serem redimensionados.	Ao ser ampliada, a imagem pode perder nitidez e detalhes à medida que os pixels são esticados para preencher o espaço.

(*continua*)

	IMAGEM VETORIAL	IMAGEM RASTERIZADA
Tamanho de arquivo	Geralmente tem um tamanho de arquivo menor, pois as informações são armazenadas como equações matemáticas, o que requer menos espaço do que armazenar dados de pixel individuais.	Tende a ter um tamanho de arquivo maior, especialmente em alta resolução, em razão da quantidade de dados de pixel necessários.
Complexidade gráfica	É especialmente adequada para representar gráficos complexos, ilustrações e formas geométricas detalhadas.	É ideal para fotografias e imagens com muitas variações de cores e tons.
Edição e manipulação	Permite a edição de objetos individuais, facilitando a alteração de cores, formas e tamanhos.	Edições precisam ser feitas em nível de pixel, o que pode ser mais desafiador para fazer alterações complexas ou refinadas.
Impressão e saída	É essencial para impressões de alta qualidade, garantindo uma reprodução nítida e precisa em diferentes tamanhos.	A qualidade de impressão pode ser limitada pela resolução da imagem, e grandes ampliações podem resultar em uma impressão pixelada.

Em resumo, a principal diferença reside na maneira como as imagens são construídas e armazenadas. Imagens vetoriais oferecem uma série de vantagens na sua precisão e eficiência na produção, tornando-se muito eficazes em alguns casos. No entanto, as imagens rasterizadas têm suas próprias forças e são essenciais para representar fotografias e imagens complexas. Portanto, muitas vezes é apropriado utilizar ambas em projetos de design gráfico para aproveitar ao máximo suas características distintas.

Vetorização

Agora que já sabemos o que é um vetor, vamos entender o conceito de vetorização no mundo do design gráfico e da computação gráfica. Para compreender plenamente o seu valor e aplicação, é essencial explorar em detalhes o que está por trás dessa técnica e como ela revolucionou a maneira como criamos e manipulamos imagens.

Vetorizar é o processo de converter uma imagem ou ilustração em um formato vetorial. Isso envolve a recriação de elementos gráficos usando linhas, curvas e formas definidas por equações matemáticas. Existem várias técnicas de vetorização e abordagens que podem ser utilizadas para vetorizar imagens. Cada uma delas tem suas vantagens e é mais adequada para diferentes tipos de imagens e situações. Algumas das principais técnicas de vetorização são apresentadas a seguir.

- **Rastreamento de contornos:** envolve a sobreposição de linhas e curvas sobre uma imagem rasterizada, seguindo os contornos principais. Os pontos, então, são ajustados para criar uma representação vetorial precisa. Como podemos ver na figura 3.4, o uso desta técnica proporciona ao design uma base para a produção do objeto final.

Figura 3.4 – Curvas e pontos de ancoragem

- **Curvas de Bézier:** são usadas para criar formas e contornos suaves em softwares de desenho vetorial. Elas são definidas por pontos de controle que influenciam a forma da curva. Esta técnica é especialmente útil para criar formas complexas e detalhadas. Veremos mais sobre as curvas de Bézier um pouco mais adiante neste capítulo.

IMPORTANTE

Na figura 3.4, observa-se a elaboração de curvas e pontos de ancoragem realizada com o auxílio da ferramenta caneta. Essa ferramenta também possibilita o ajuste preciso de alças de apoio, visando um refinamento mais exato das curvas.

- **Pintura com formas geométricas:** envolve o uso de formas geométricas simples, como círculos, retângulos e elipses, para compor uma imagem. Ao combinar e sobrepor essas formas, é possível criar ilustrações vetoriais complexas. A figura 3.5 apresenta um exemplo de desenvolvimento desta técnica.

Figura 3.5 – Transformação de figuras geométricas simples em um objeto mais complexo

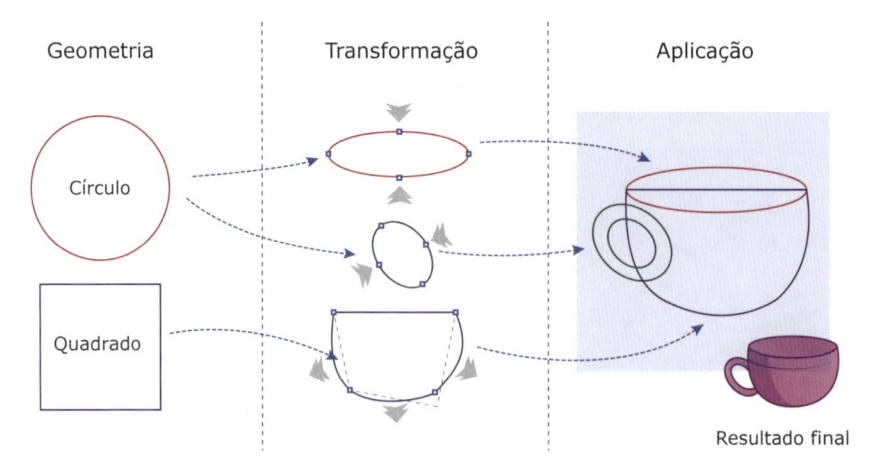

- **Segmentação e preenchimento:** envolve a identificação e preenchimento de áreas de cores sólidas em uma imagem rasterizada. Softwares de vetorização automática podem ser usados para realizar essa tarefa, embora o resultado possa exigir ajustes manuais. No Adobe Illustrator, podemos utilizar a ferramenta "Traçado da imagem" para conseguir uma vetorização.

Existem várias técnicas de vetorização, porém abordamos aqui as mais utilizadas. Como cada uma dessas técnicas tem suas próprias aplicações, é importante escolher a mais adequada para o tipo de imagem que está sendo vetorizada e o resultado desejado. Em muitos casos, uma combinação de técnicas pode ser usada para obter o melhor resultado.

Softwares

Chegou a hora de escolher o software ideal. Isso requer uma atenção importante, pois alguns fatores são importantes para atingir o resultado desejado. Existem vários softwares poderosos disponíveis para a vetorização de imagens, e escolher o mais adequado requer considerar suas características e funcionalidades, o tipo de projeto, as suas próprias preferências de trabalho e até mesmo seu orçamento.

Adobe Illustrator: é um dos softwares de vetorização mais populares e amplamente utilizados. Ele oferece uma ampla gama de ferramentas e recursos para criar e editar gráficos vetoriais de alta qualidade.

CorelDRAW: é outro software de design gráfico vetorial bastante popular, conhecido por sua interface intuitiva e conjunto abrangente de ferramentas. É amplamente utilizado na indústria de design gráfico.

Inkscape: de código aberto e gratuito, oferece uma variedade de ferramentas de vetorização e é uma excelente opção para quem busca uma solução gratuita.

A seguir, detalhamos alguns fatores para a escolha do melhor software de vetorização.

- **Definir a sua necessidade:** entender a sua necessidade é imprescindível na escolha do software. Se você precisa de um software focado em ilustração e vetorização mais complexa, Adobe Illustrator pode ser o mais adequado, mas se seu foco é desenho de arquitetura, um software CAD, como AutoCAD, pode ser melhor. É importante observar os fatores ao entender e definir sua necessidade.

- **Identificar o orçamento:** o orçamento determina o quanto quer investir em um software. Alguns softwares podem ser gratuitos, enquanto outros requerem assinatura ou um pagamento único. Períodos de avalição gratuitos também são boas oportunidades para testar e escolher um software.

- **Avaliar o seu tempo de aprendizado:** pondere o tempo que você poderá investir para aprender a mexer no software.

- **Identificar compatibilidade e desempenho:** a compatibilidade com seu sistema operacional e o desempenho com o hardware são fatores determinantes na escolha do software. Existem softwares que funcionam em diferentes sistemas operacionais (Windows, MacOS, Linux, etc.).

Lembre-se de que não existe um único "melhor" software que atenda a todas as necessidades. Aquele que se alinha com seus objetivos certamente será o melhor software para você. Experimente diferentes opções, pois a escolha certa definirá a qualidade e a agilidade do seu trabalho.

Extensões

Uma extensão de arquivo é como uma etiqueta que diz ao computador que tipo de informação está contida em um arquivo específico. É uma série de letras que aparece no final do nome de um arquivo, após um ponto. Por exemplo, em um arquivo chamado "relatorio.docx", a extensão de arquivo é ".docx". Veja outros exemplos:

- **.docx:** é a extensão associada a documentos do Microsoft Word.

- **.jpg** ou **.png:** são extensões associadas a imagens.
- **.ai:** é a extensão associada a arquivos vetoriais do Adobe Illustrator.
- **.pdf:** é a extensão associada a documentos no formato PDF.

Em resumo, extensões de arquivo são como rótulos que ajudam o computador a entender que tipo de conteúdo está dentro de um arquivo e qual programa deve ser usado para abri-lo e interpretá-lo.

As extensões de arquivo vetoriais são formatos de arquivo usados para armazenar imagens e, obviamente, gráficos vetoriais. São projetados para preservar as propriedades matemáticas dos elementos gráficos, permitindo que sejam escalados para diferentes tamanhos sem perda de qualidade. A seguir, listamos algumas extensões de softwares vetoriais mais comuns.

AI (Adobe Illustrator): formato específico do Adobe Illustrator, um dos softwares de vetorização mais populares. É usado para armazenar gráficos vetoriais criados nesse software.

SVG (Scalable Vector Graphics): é um formato de arquivo vetorial com base em XML, amplamente utilizado na web para gráficos escaláveis. Ele suporta elementos gráficos, textos e animações.

EPS (Encapsulated PostScript): é amplamente utilizado em impressão e pré-impressão. Ele suporta tanto gráficos vetoriais quanto imagens rasterizadas, e é compatível com uma variedade de aplicativos.

PDF (Portable Document Format): embora seja conhecido principalmente como um formato de documento, ele também suporta gráficos vetoriais. O PDF é amplamente utilizado para compartilhar documentos e gráficos.

Essas são algumas das extensões de arquivo vetoriais mais comuns. Cada uma delas tem suas próprias características em diferentes contextos e softwares. A escolha da extensão depende da aplicação específica e das necessidades do projeto.

LINHA, CURVA E FORMAS

Agora que já sabemos o que é um vetor, vamos entender como um software vetorial pode tornar a vida de um designer gráfico mais produtiva. No Illustrator, linhas, curvas e formas são ferramentas de construção fundamentais para criar. Esses elementos são combinados e manipulados de diversas maneiras, criando ilustrações, logotipos, gráficos e muitos outros tipos de produção. É importante entender que todo desenho ou ilustração é constituído desses elementos básicos, acrescidos de ferramenta extras que os softwares oferecem.

Não se assuste ao observar a figura 3.6a. Apesar de sua aparente complexidade, vamos mostrar como ela foi construída a partir de elementos de vetorização. Entenderemos também que, além das construções básicas, os softwares vetoriais oferecem recursos facilitadores, como a capacidade de copiar e espelhar elementos, isso faz com que a ferramenta seja mais dinâmica e eficaz. Elementos podem se repetir em uma ilustração, eliminando a necessidade de construí-lo novamente, economizando tempo e permitindo um fluxo de trabalho mais produtivo.

Figura 3.6 – (a) Desenho finalizado. (b) Linhas, curvas e elementos repetidos e espelhados que foram reaproveitados utilizando ferramentas do software

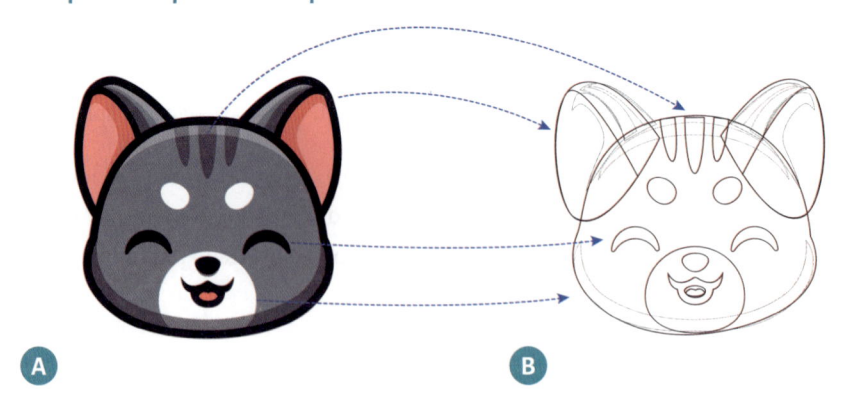

Elementos como brilhos e sombras também foram construídos utilizando as mesmas técnicas. A adição de preenchimentos com tonalidades diferentes causa esse efeito mais detalhado, como brilhos, relevos e volumes.

Entender um pouco das ferramentas e estruturas que o software oferece é importante para o desenvolvimento de uma ilustração. Conceitos como construir, moldar, ajustar, transformar e editar são pontos importantes para transformar linhas e formas em ilustrações e gráficos bem elaborados. O conhecimento e a manipulação correta de pontos de ancoragem e alças de apoio são fundamentais para a manipulação adequada de curvas de Bézier, que dão sentido às formas.

Pontos de ancoragem, alças de apoio e ferramentas de edição

Os pontos de ancoragem são definidos com a ferramenta Caneta (Pen tool), que tem o papel de determinar o posicionamento de cada ponto (figura 3.7a). São esses pontos que definem os posicionamentos inicial e final e as regras de encaixe.

Figura 3.7 – (a) Pontos de ancoragem e (b) alças de apoio

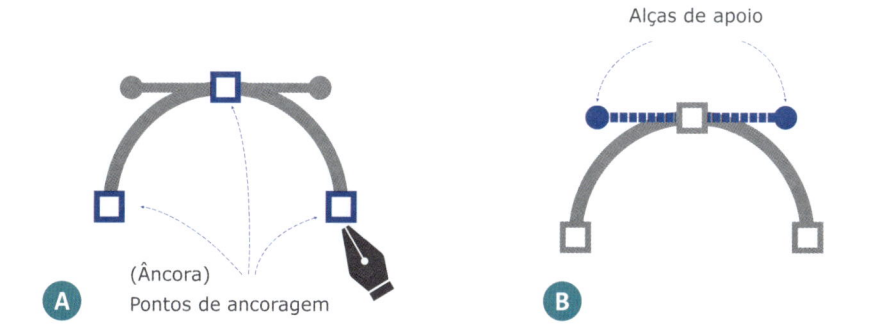

Na figura 3.7b, é possível observar as alças de apoio dando suporte à curva de Bézier com seus pontos iniciais e finais definidos pelas âncoras. As alças são importantes para dar sentido e direção às curvas, permitindo um ajuste fino e de precisão na definição de uma curva.

Agora que já conhecemos essa estrutura, vamos entender como construir e manipular esses elementos. Para isso, precisamos primeiro conhecer as ferramentas que dão suporte na construção. A figura 3.8 apresenta a localização do conjunto de ferramentas Caneta. Para localizá-la exatamente como está na figura 3.8, é necessário que o software esteja com a configuração da área de trabalho (workspace) em "Clássicos essenciais".

Figura 3.8 – Localização da ferramenta Caneta no software Adobe Illustrator

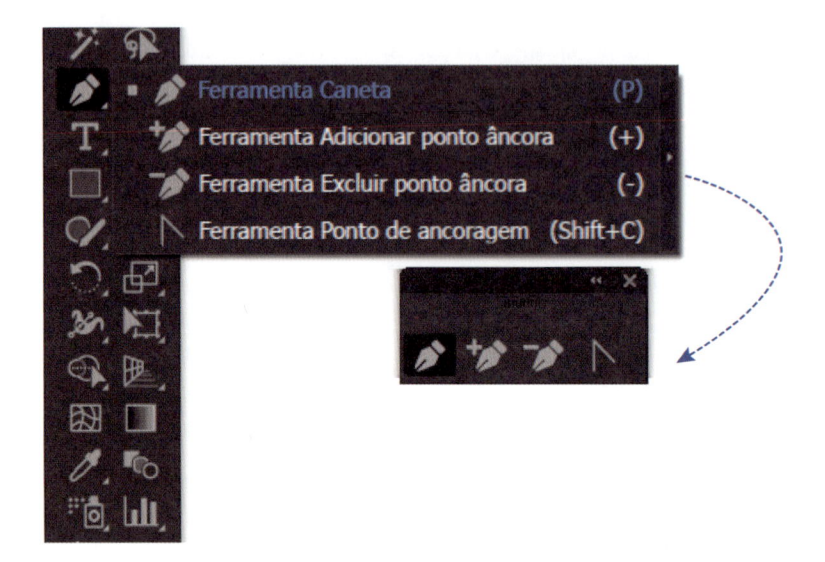

A ferramenta Caneta traz consigo um conjunto de outras ferramentas que auxiliam e tornam o processo de construção mais rápido.

A Caneta (Pen tool) permite a construção de linhas retas ou curvas, basta clicar ou clicar e arrastar para definir uma curva. É possível fazer linhas retas, curvas ou formas das mais simples a mais complexas.

A "Caneta mais" permite a adição de novos pontos de âncora em uma linha. Você pode adicionar aquele ponto que esqueceu ou deixar para adicioná-lo depois.

A "Caneta menos" permite que você retire um ponto de âncora que está sobrando ou que foi colocado por engano.

O Ponto de ancoragem é bastante versátil, uma vez que tem várias funções que permitem o posicionamento ou a curvatura de uma linha simplesmente ao clicar nela e arrastar (figura 3.9a), o movimento de uma alça ao fazer ajustes independentes nas alças de apoio (figura 3.9b), ou ainda a transformação de um canto vivo em uma curva ou uma curva em canto vivo ao clicar na âncora (figura 3.9c).

A Seleção direta tem muitas funções no software, entre elas temos a de selecionar diretamente os pontos de âncora, permitindo um melhor posicionamento deles quando estão em um lugar errado (figura 3.9e), e ajustar as alças para melhorar a direção e a suavidade das curvas (figura 3.9f).

Figura 3.9 – Sequência de construção demonstrando o uso da ferramenta Ponto de ancoragem

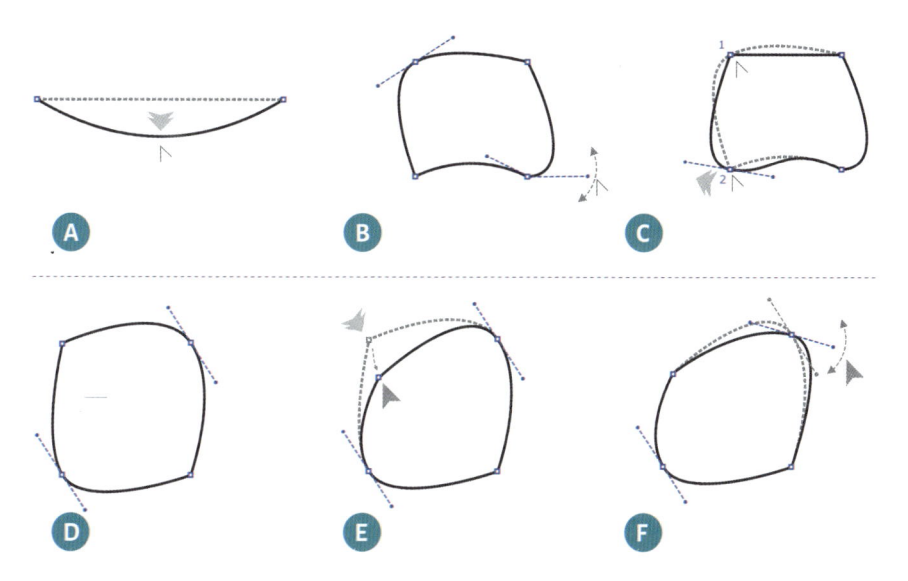

Linhas, curvas de Bézier e formas

Conhecer essa estrutura e as ferramentas nos dá conhecimento suficiente para seguir em frente e entender como elas são utilizadas para a construção de elementos básicos como linhas, curvas e formas, e ainda como essas formas básicas podem compor um conjunto de elementos para formar ilustrações mais complexas.

Linhas

Vamos começar pela linhas, elementos básicos que conectam dois pontos em um plano. Elas podem ter diferentes espessuras e traçados. Em muitos programas vetoriais, as linhas podem ser retas ou curvas, e podem ser manipuladas para assumir formas diferentes.

Figura 3.10 – Exemplos de construções com diferentes tipos de dificuldades e manipuladas por ferramentas diferentes

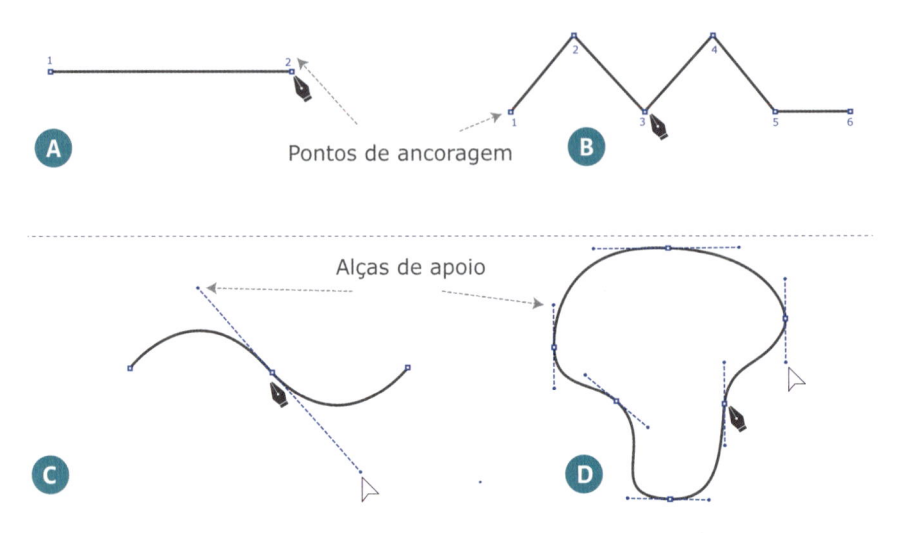

Na figura 3.10a, observamos uma linha reta construída com a ferramenta Caneta. Para construir uma linha, fazemos dois pontos clicando na tela e soltando o mouse; ao repetir esse processo, podemos criar várias linhas retas em sentidos diferentes (figura 3.10b).

Na figura 3.10c, podemos notar um segmento de curva sendo construído em um sentido, sem conexão. Já na Figura 3.10d, as curvas se unem resultando em uma forma, ou seja, um desenho fechado. Isso demonstra a versatilidade de uma linha vetorial, capaz de criar formas e objetos consideravelmente mais complexos.

Curvas de Bézier

Pierre Bézier foi um engenheiro francês que popularizou as chamadas "curvas de Bézier" na década de 1960, enquanto trabalhava em uma montadora de carro. Ele utilizou um algoritmo de cálculos matemáticos para desenvolver curvas que hoje são muito utilizadas em computação gráfica para modelar curvas suaves. Neste tópico, veremos a versatilidade das linhas curvas aliadas ao conceito de curvas de Bézier. Elas podem ser criadas usando ferramentas como a Caneta e definidas por pontos de âncora e alças que permitem ajustar a forma da curva.

> Cada elemento de uma curva é definido por 4 pontos: ponto inicial e final e dois pontos adicionais que descrevem a forma e a direção da curva entre seu início e seu fim (Caplin; Banks, 2012, p. 24).

Figura 3.11 – Duas construções diferentes em linhas curvas

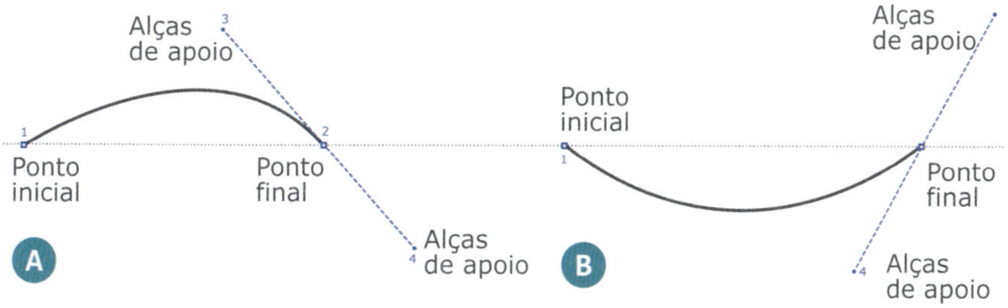

Caplin e Banks (2012) estipulam quatro pontos essenciais para o entendimento e a construção de uma curva (figura 3.11a). O ponto inicial 1 e o ponto final 2 definem a direção da linha, e as alças de apoio 3 e 4 definem o sentido e o tamanho da curvatura. Notamos que, na figura 3.11b, o sentido e o tamanho da curvatura são diferentes, uma vez que são moldados pelo movimento distinto das alças de apoio 3 e 4.

É normal, ao conhecer a curvas de Bézier pela primeira vez, sentir um pouco de dificuldade ou até mesmo de "medo" de não conseguir aprender, principalmente pela sua própria concepção geométrica e origem matemática. No entanto, não se preocupe, os softwares de vetorização têm ferramentas e interfaces que tornam esse processo mais simples, prático e intuitivo, só é necessário um pouco de treino.

Com o auxílio da ferramenta Caneta, vamos demonstrar alguns processos que podem facilitar a sua construção. Com um pouco de prática, você vai absorver essa técnica e entender que a construção de uma curva aliada ao conceito de curvas de Bézier pode proporcionar traços firmes e perfeitos, como veremos na figura 3.12.

Figura 3.12 – Exemplo de construção de uma curva

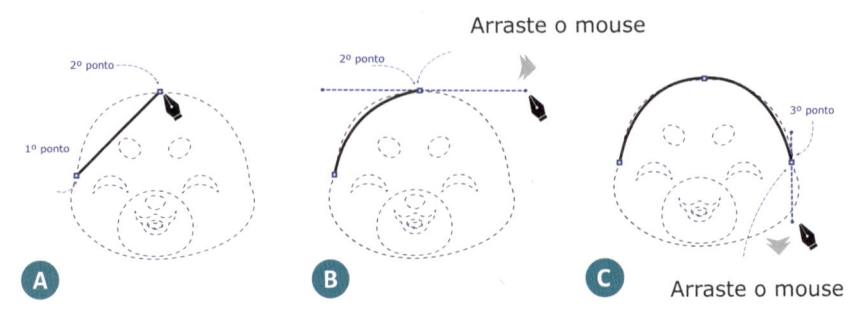

Vamos seguir o passo a passo para a construção da curva conforme demonstra a figura 3.12. Clicamos no primeiro ponto para demarcar o início e, em seguida, no segundo ponto para demarcar o fim (figura 3.12a). Sem soltar o clique do mouse do segundo ponto, arrastamos o mouse para a direita (figura 3.12b) para delinear a forma da curva; ao soltar o mouse, a curva estará pronta. Adicionamos, então, o terceiro ponto com um clique (figura 3.12c), e assim seguimos sucessivamente até fechar o desenho.

O domínio das curvas de Bézier requer algumas particularidades, como a adição de um canto. Para construí-lo, iniciamos com uma curva básica (figura 3.13a). Ao prosseguir para o quarto ponto, notamos que a curva tende a seguir o sentido da curva anterior (figura 3.13b), impedindo a construção de um canto. Para fazermos o canto, é necessário mudar o sentido da curva, isso pode ser feito voltando o mouse para o último ponto (no caso, o terceiro) e dando um clique na âncora (figura 3.13c), em seguida podemos seguir com a construção normalmente.

Figura 3.13 – Demonstração de uma curva em canto

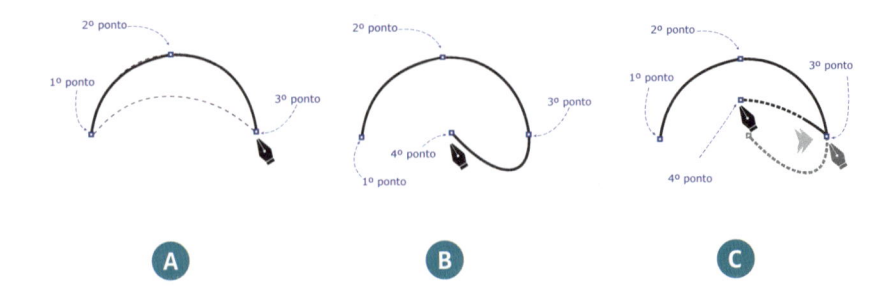

Formas

As formas podem ser básicas, como círculos, quadrados, retângulos e elipses, ou formas personalizadas criadas pelo usuário. Elas são definidas por seus contornos e preenchimentos. Além das formas básicas, muitos softwares vetoriais oferecem ferramentas para criar polígonos e estrelas com diferentes números de pontas. É importante entender que essas formas muitas vezes podem servir de base para a construção de uma outra forma um pouco mais complexa.

Neste ponto, já entendemos que as formas também podem ser modificadas, editadas e transformadas em outras para compor uma ilustração. Na figura 3.14, podemos observar um dos pontos de âncora do círculo sendo alterado para se transformar nas sobrancelhas do personagem; já o quadrado foi rotacionado e teve seus pontos de âncora transformados em curvas para ser os olhos.

Figura 3.14 – Formas transformadas para compor uma ilustração

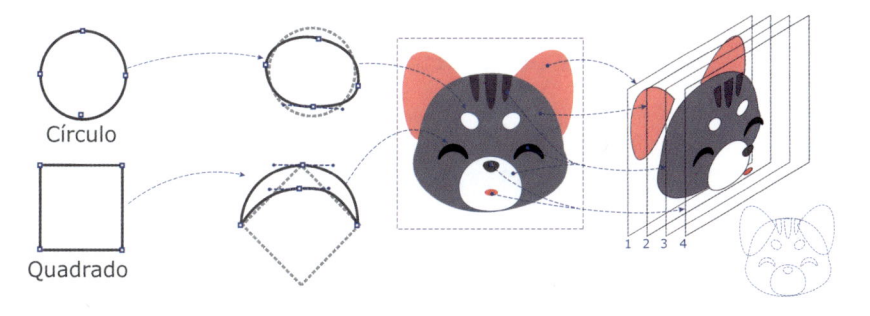

PRÁTICA

Faça um exercício de observação e tente entender o que foi modificado e quais ferramentas foram usadas para chegar à ilustração da figura 3.14.

Em design gráfico, é comum a transformação de formas geométricas simples em ilustrações mais complexas, conforme demonstrado na figura 3.14 ao desenvolver a figura de um gatinho. Nesse processo, foi utilizada a ferramenta Caneta e outros recursos como cópia, espelhamento, rotação e transformação. A figura 3.14 apresenta uma composição visual única e elaborada que utiliza camadas sobrepostas de formas, permitindo uma manipulação e combinação inteligente e flexível no contexto do design gráfico.

DICA

Os atalhos para acesso das ferramentas do software são muito importantes para uma produção rápida. Para aprender os do Adobe Illustrator, acesse o link:

https://helpx.adobe.com/br/illustrator/using/default-keyboard-shortcuts.html

COR E PREENCHIMENTO

Cor e preenchimento desempenham um papel essencial no design gráfico. Em um desenho ou ilustração, a escolha das cores contribui na mensagem a ser transmitida e na estética. Bem selecionadas, as cores provocam emoções, estabelecem identidade à marca e melhoram a legibilidade. Elas destacam informações importantes, efetivam a hierarquia e criam equilíbrios na composição. Manipular a cor impacta diretamente na percepção visual, tornando-se crucial para o sucesso do design.

O preenchimento pode ser simples, como a definição de uma cor sólida, ou um pouco mais complexo, como um gradiente com duas ou mais cores, sobreposição de cores ou até mesmo a composição de uma textura. Cores e preenchimento desempenham um papel importante no desenvolvimento de efeitos visuais; quando bem utilizados, têm o poder de criar ilusões como relevos, sombras e brilhos.

Mesmo usando apenas duas cores, a forma e as técnicas utilizadas mudam totalmente a nossa percepção sobre a ilustração da figura 3.15. Podemos notar a transição de um círculo preenchido para uma esfera, utilizando algumas técnicas de sobreposição de elementos e mesclagem.

Figura 3.15 – Tipos de preenchimento demonstrando resultados diferentes conforme seu uso

Essas mesmas técnicas quando utilizadas em produções mais elaboradas, como nos donuts da figura 3.15, passam a real percepção da correta utilização das cores e dos preenchimentos em uma ilustração ou design gráfico.

A cor e o círculo cromático

Há muitas teorias que relacionam os nossos comportamentos com o uso das cores, explorando a relação entre as cores e as nossas percepções. Sem nos aprofundar na teoria das cores, demonstraremos alguns princípios que facilitam a nossa compreensão sobre as cores e abordaremos como ela contribui para um bom resultado.

Figura 3.16 – Composição do círculo cromático

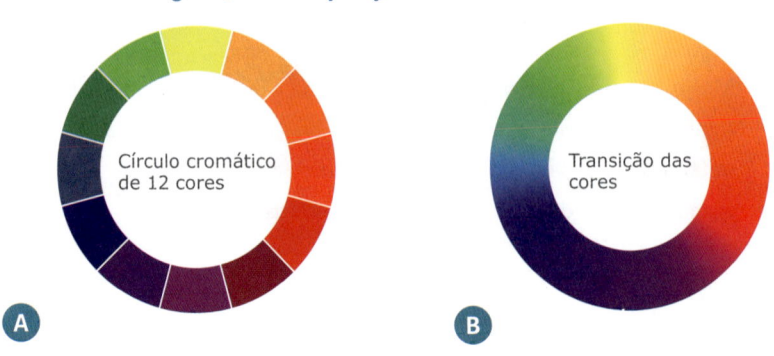

A Círculo cromático de 12 cores

B Transição das cores

Conforme já apresentado no capítulo anterior, o círculo cromático (figura 3.16a) é uma representação circular que proporciona uma compreensão visual das cores exibidas de maneira contínua. Essa disposição auxilia na visualização do espectro cromático, criando uma transição suave entre as cores (figura 3.16b).

Entender o funcionamento das cores e como são usadas é essencial na hora de escolhê-las. O universo das cores tem muitas possibilidades, Barros (2006), em seu livro *A cor no processo criativo*, deixa bem claro a facilidade que temos em nos interessarmos pelo assunto, mas também a dificuldade em nos aprofundarmos em razão de aspectos e fenômenos a que cor está relacionada.

> Encontra-se uma certa dificuldade em se estudar a cor. Se por um lado é fácil nos interessarmos por um assunto, por outro, aprofundar os conhecimentos sobre o fenômeno das cores acaba por se tornar um trabalho muito abrangente, que envolve desde a composição química dos pigmentos, os estudos de física da luz e da fisiologia do nosso aparelho visual até as questões psicológicas da sua interpretação e assimilação. Isso sem mencionar outras formas de aproximação relativas às questões estéticas e às questões simbólicas (Barros, 2006, p. 16).

Abordaremos neste capítulo, então, alguns aspectos que permitem ter um entendimento das cores e seu uso no design gráfico.

Matiz, saturação e luminosidade

Vamos aprender um pouco mais sobre o círculo cromático explorando outros recursos e características. Iniciaremos conhecendo as cores de maneira objetiva e analisando as suas propriedades.

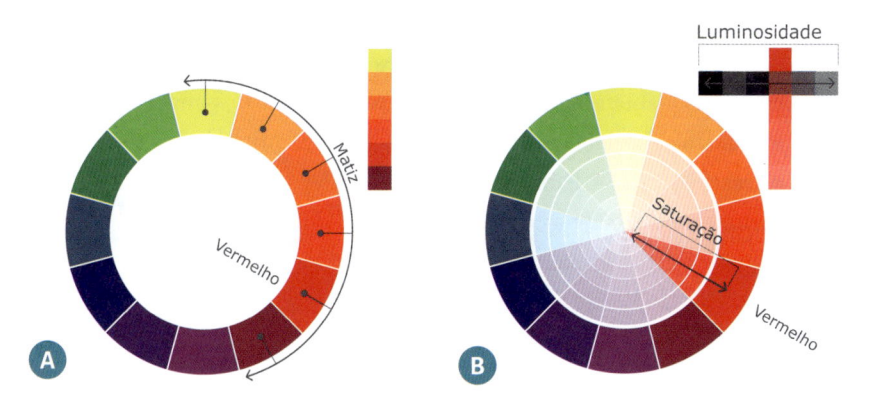

Figura 3.17 – Círculo cromático: matiz, saturação e luminosidade

A matiz (cor) são as cores que estão em volta do círculo (figura 3.17a), cada uma representa sua própria cor. Quando trabalhamos a intensidade ou a pureza de uma cor, um dos aspectos que podemos obter é a saturação. Cores altamente saturadas são vibrantes, enquanto as cores menos saturadas tendem a ser mais suaves. Podemos notar isso na figura 3.17b ao observar o destaque na cor vermelha. Conforme nos aproximamos do centro do círculo, as cores vão ficando mais suaves. Reduzir ou aumentar a saturação de uma cor é essencial para obter os objetivos estéticos e comunicativos desejados. Já quando queremos clarear ou escurecer uma cor, recorremos à luminosidade; a iluminação se refere ao quanto essa cor tem aparência clara ou escura (ver destaque na figura 3.17b). A luminosidade é crucial, pois com ela é possível criar contrastes visuais importantes para a produção e a hierarquização da informação.

Composição

Utilizar algumas composições para ter uma boa harmonização de cores é muito importante para um bom designer gráfico. Com o auxílio do círculo cromático, é possível entender algumas harmonias importantes, identificando as relações entre elas. Trabalhar composição de cores nos permite um ambiente em que a prática e a experimentação são essenciais: teste, refine e escolha as cores. Essa contribuição certamente vai permitir eficácia e apelo visual nos seus projetos e colocará você mais próximo dos resultados desejados.

Conforme já apresentado, a composição de cores tem muita força na influência de qualquer produção gráfica. As cores transmitem emoções e estabelecem hierarquia visual, destacando elementos-chave com apelos emocionais específicos, e afetam a legibilidade, tornando-se essencial para a acessibilidade. A habilidade de compor cores cria ambientes diferentes, aprimora a estética e a comunicação visual, diferencia produtos e gera destaques e estética visual.

DICA

Adobe Color é uma ferramenta on-line para criar, explorar e compartilhar esquemas de cores. Versátil, ela oferece suporte em todas as etapas do processo de design, desde a sua concepção até a implantação.

Sistema de cores

Com o círculo cromático já fazendo parte do nosso processo, podemos abordar os sistemas de cores, mais precisamente o RGB (red, green, blue) e o CMYK (cyan, magenta, yellow, black). Com características únicas, cada sistema é escolhido com base no meio de exibição e impressão e nos requisitos do projeto.

Figura 3.18 – Sistema de cores CMYK

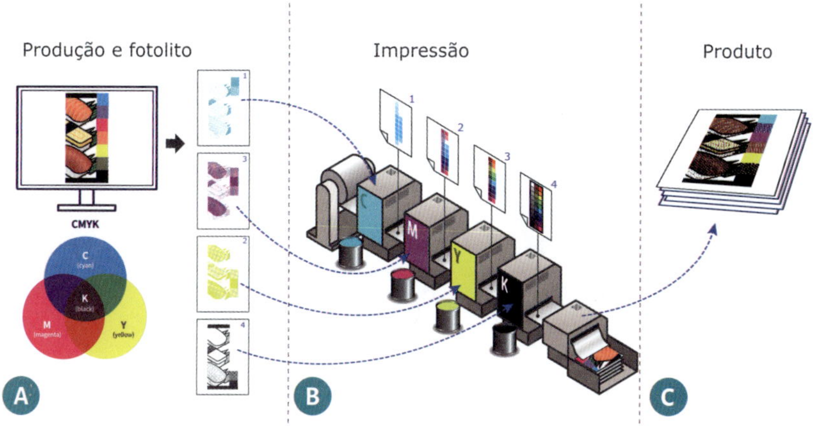

Produção e fotolito   Impressão   Produto

A   B   C

Para impressão profissional de materiais impressos, como revistas, catálogos e embalagens, o sistema de cor usado é o CMYK, sigla do inglês para ciano, magenta, amarelo e preto (figura 3.18a). A soma de suas cores tem como resultado o preto, e as cores secundárias são geradas a partir da junção das outras cores. Esse sistema utiliza a sobreposição de pontos de cada cor, sendo o preto geralmente adicionado separadamente para adicionar detalhes. Ao imprimir uma imagem ou documento colorido, as cores são combinadas em proporções diferentes, o que permite a produção de uma ampla quantidade de cores. A sobreposição de tintas garante resultados precisos. De uma maneira bem simplificada, a figura 3.18b explica um pouco o processo de impressão em uma gráfica. É importante considerar que o processo e a tecnologia podem variar conforme a impressora e o método de impressão empregado.

Diferentemente do sistema CMYK, o sistema RGB (sigla em inglês para vermelho, verde e azul) foi criado para permitir a exibição de cores em monitor, ou seja, dispositivos eletrônicos como celulares, televisões e computadores. Esse sistema tem um desempenho importante na representação visual digital: misturando a intensidade e variando as cores vermelho, verde e azul, ele cria uma infinidade de combinações de cores. Todas essas cores na sua intensidade máxima têm como resultado o branco, e a ausência total de intensidade resulta em preto.

Figura 3.19 – Sistema de cores RGB

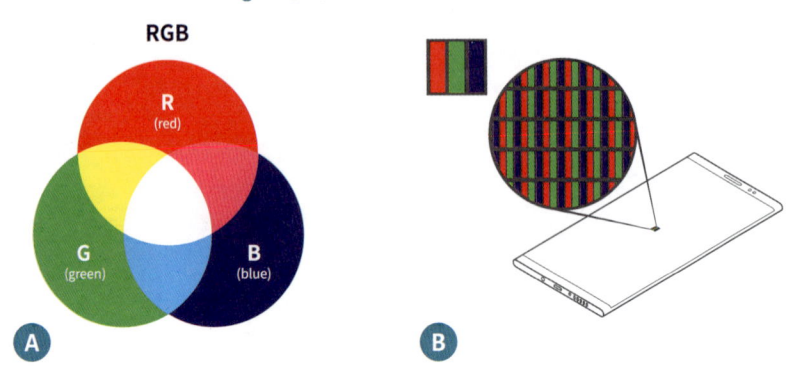

Na figura 3.19a, vemos a sua representação: a soma de suas cores resultando em branco ao centro, e as cores secundárias sendo criadas a partir da junção de duas cores primárias. Na figura 3.19b, vemos como esse sistema é utilizado em equipamentos eletrônicos.

A escolha das cores influencia diretamente na percepção visual da produção gráfica, pois cria harmonia, destaca elementos e transmite a mensagem desejada. Ao representar uma relação entre cores, o círculo cromático tem um papel valioso no direcionamento da composição, permitindo que se explore combinações que, juntas, exibem resultados surpreendentes.

O entendimento das diferenças entre os sistemas de cores CMYK e RGB é crucial ao trabalhar uma vetorização. Como cada sistema proporciona resultados diferentes nas cores, é importante distinguir quando cada um deve ser empregado, evitando assim discrepância de cor entre o design digital e a versão impressa.

TIPOGRAFIA

Um design visualmente atraente e funcional tem com certeza um planejamento tipográfico muito bem elaborado. A tipografia desempenha um papel mais que importante no design gráfico, pois, além de proporcionar um visual estético, influencia a legibilidade e facilita a compreensão do texto.

Que fonte devo usar?

Esta é a pergunta mais feita pelos profissionais, mas também uma das mais difíceis de responder, pois depende de muitos fatores como o contexto, o público-alvo e o tom que a mensagem deseja transmitir. Existem algumas orientações que podem proporcionar um papel importante em sua criatividade, mas lembre-se: não há regras mágicas e rápidas, você com certeza dominará mais essa técnica com o tempo e estudos.

Comece identificando o seu propósito. Um panfleto, por exemplo, exige fontes bem mais formais por ter mais informações e pela necessidade de proporcionar uma leitura mais eficiente, enquanto um logotipo pode precisar de uma fonte única e distinta.

O público-alvo também precisa ser considerado. Imagine que seu trabalho se destina ao público mais jovem, fontes mais modernas e arrojadas podem ser usadas para atingir melhor o objetivo, enquanto fontes mais tradicionais podem ser usadas para públicos mais conservadores.

Figura 3.20 – Exemplos utilizando conceitos de público-alvo, legibilidade, contraste e hierarquia

Priorizar a legibilidade é muito importante, principalmente considerando que o texto pode ser lido em diferentes plataformas. O tamanho, a cor e o contraste são fatores importantes para proporcionar esse resultado. É notável em textos muito confusos a falta de contrastes adequados no projeto.

Geralmente, o uso de mais de uma fonte necessita de uma organização e planejamento de contrastes que direcionam o olhar e a leitura do material. Trabalhar fontes e tamanhos diferentes é uma boa maneira de propor uma hierarquia visual. Títulos podem ter fontes mais ousadas, enquanto o corpo do texto pode ser mais simples.

É recomendado limitar-se a duas ou três fontes por projeto, mas não é uma regra. Sua criatividade é quem manda, mas evitar muitas fontes diferentes em um único trabalho é um bom caminho para criar uma aparência organizada e manter uma boa consistência visual.

Estilo, categoria e família

O processo de organizar palavras, letras e texto chama-se tipografia, uma ferramenta muito importante. A tipografia é classificada em categorias que proporcionam as características estruturais e visuais. Entender e aprender essas características e suas nuances proporciona ao produto visual criatividade, legibilidade, contexto e mensagem desejada e é essencial para o sucesso do design.

As fontes podem ser categorizadas em diferentes estilos, cada um com suas características distintas. Aqui, abordaremos as quatro categorias mais comuns para entender melhor suas diferenças: serifa, sem serifa, manuscrita e display. É importante entender que existem outras características de fontes, muitas combinações entre elas e algumas que não se encaixam em nenhuma categoria.

Figura 3.21 – Resultados diferentes de acordo com o estilo de fonte

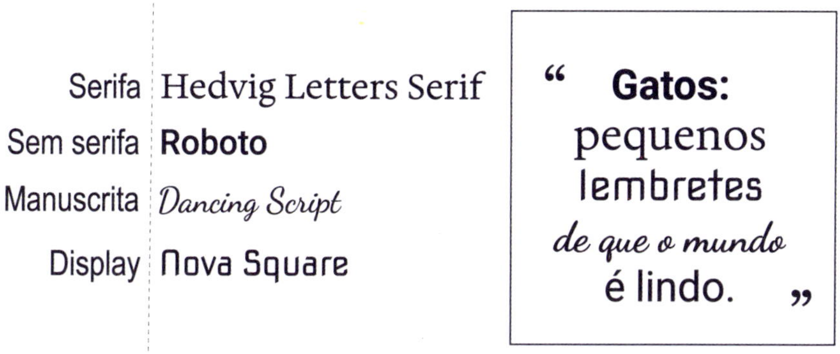

Serifa: Hedvig Letters Serif
Sem serifa: Roboto
Manuscrita: Dancing Script
Display: Nova Square

" **Gatos:** pequenos lembretes de que o mundo é lindo. "

Na figura 3.21, temos as quatro categorias listadas e uma fonte escolhida para cada uma. Para cada categoria, existe uma infinita variedade de fontes, e para cada fonte, uma grande variação de famílias. Falaremos das famílias, mas, antes, uma pergunta: você sabe o que é serifa?

Serifas são pequenos traços e linhas contidas nos extremos das linhas de uma letra, um detalhe de estilo adicionado às extremidades de algumas fontes. Esses pequenos prolongamentos podem ser curtos e grossos, finos e angulares, ou mais suaves e arredondados. São muitas vezes associadas a uma aparência mais formal e tradicional, sua presença ou ausência proporciona legibilidade e estilo ao texto. Compare as palavras da figura 3.22 e observe a presença de serifa na fonte Headvig Letters Serif, e a sua ausência na fonte Roboto, que tem finalizações retas que dão um aspecto mais moderno.

Figura 3.22 – Fonte com e sem serifa

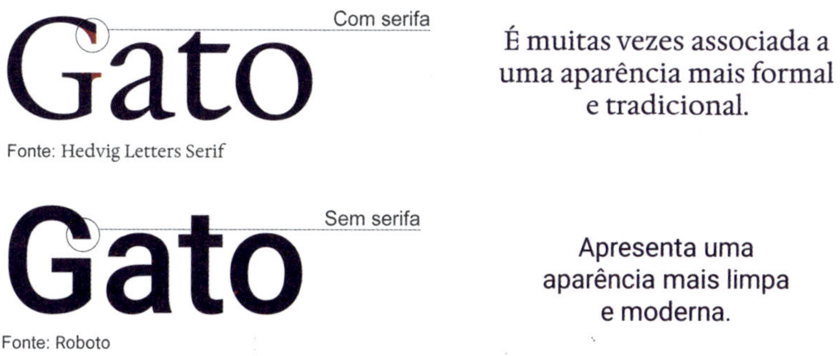

Gato — Com serifa
Fonte: Hedvig Letters Serif

É muitas vezes associada a uma aparência mais formal e tradicional.

Gato — Sem serifa
Fonte: Roboto

Apresenta uma aparência mais limpa e moderna.

Usar fontes sem serifa permite um design contemporâneo, projetos minimalistas e comunicações visuais mais simples e modernas. Essas fontes são amplamente utilizadas em contextos visuais, interfaces e apresentações, em razão de sua aparência limpa e moderna e de fácil legibilidade em telas.

Já fontes com serifa têm seu uso comum em logotipos quando se deseja transmitir uma imagem de confiabilidade e estabilidade. Elas têm a característica de conferir um aspecto mais clássico, introduzindo formalidade e tradicionalidade aos materiais impressos e permitindo uma boa leitura e fluidez.

Se deseja criar uma imagem descontraída e amigável, o uso de fontes manuscritas pode ajudar, mas é necessário cautela com textos mais extensos, pois podem prejudicar a legibilidade. A sensação de informalidade que essas fontes passam proporciona muita personalidade e criatividade aos projetos; elas são muito usadas em convites, cartões e pôsteres que exigem um toque mais artesanal.

Por fim, as fontes display, criadas e projetadas para serem usadas em títulos, cabeçalhos, logotipos ou qualquer outro elemento que necessite de um destaque, têm características que chamam a atenção e trazem consigo elementos de aspectos ornamentais, chamativos e estilizados. Quando usadas de maneira eficaz, criam impacto visual e transmitem uma mensagem forte e distinta. No entanto, cuidado: em razão de sua natureza elaborada, podem não ter legibilidade em textos menores ou em grande quantidade. Reserve esse estilo para quando desejar destacar elementos específicos.

No que se refere à criatividade, quem faz a regra é o próprio profissional, desempenhando um papel importante para a identidade visual desejada. Para criar composições equilibradas e visualmente atraentes, o profissional precisa compreender esses aspectos e explorar diferentes estilos, dentro de uma mesma família tipográfica, tamanhos, pesos e combinações inovadoras.

Agora que já sabemos o que é fonte e conhecemos algumas de suas categorias, vamos falar sobre a família.

Figura 3.23 – Família da fonte Roboto

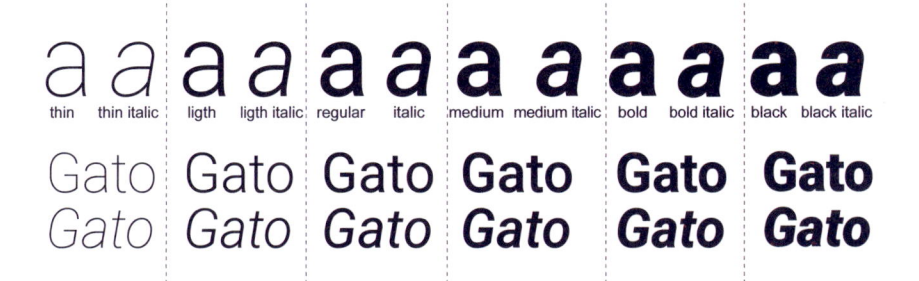

a a *a a* a *a* a *a* **a** ***a*** **a** ***a***
thin thin italic ligth ligth italic regular italic medium medium italic bold bold italic black black italic

Gato *Gato* Gato *Gato* Gato *Gato* **Gato** ***Gato*** **Gato** ***Gato***

Fonte: Roboto

Cada fonte tem seu conjunto de variações, em que diferentes pesos são incluídos, como medium (normal), bold (negrito) e italic (itálico). Observe na figura 3.23 como essas variações mantêm uma consistência de estilos, garantindo uma harmonia visual quando usada em conjunto.

Assim, podemos concluir que a escolha adequada de categoria, fonte e sua família permite uma combinação esteticamente agradável para um bom design; e cada contexto apresenta oportunidades específicas que influenciam o produto do design.

Com tantos pontos a serem considerados, a escolha final de uma fonte e sua família acaba se tornando uma decisão difícil. Considerações práticas e estéticas devem ser analisadas, como a legibilidade e visibilidade (no caso das mídias impressas), a adaptabilidade e consistência (no caso das mídias digitais), e a personalidade da fonte para a identidade visual.

DICA

Por ser integrada ao pacote Adobe, uma maneira simples e segura de se obter fontes de qualidade é por meio da Adobe Fonts. No entanto, para ter acesso, é necessária uma assinatura no Creative Cloud. Uma alternativa gratuita é o Google Fonts, que oferece uma biblioteca bastante completa de fontes.

Anatomia e espaçamento

Quanto à anatomia de uma fonte, é necessário entender as diferenças de maneira eficaz. Existem muitos termos anatômicos aplicados à tipografia em geral, mas aqui nos ateremos aos que julgamos mais essenciais para uma boa escolha de uma família tipográfica. A anatomia de uma tipografia se refere à estrutura e composição de elementos de uma fonte. Compreender essa anatomia proporciona um controle na influência, na legibilidade do texto, na produção de estilo e na estética geral do design gráfico. Já sabemos, por exemplo, que a serifa ou a falta dela tem influência direta na estética de um texto, dando características clássicas ou modernas, e que a altura das letras contribui diretamente para a legibilidade.

Então, vamos à anatomia da fonte, que é composta por linha das ascendentes, alturas, linha-base e linha das descendentes (figura 3.24).

Figura 3.24 – Anatomia e espaçamento da fonte

A linha das ascendentes é a distância entre a linha-base e o topo das letras "b", "d", "f", "h" e "k". Isso permite que se tenha o controle sobre a sobreposição do texto, melhorando a legibilidade, principalmente em textos corridos. Sua variação de altura adiciona dinamismo e estilo; por serem mais altas, dão aspectos mais elegantes e expressivos. Já a linha das descendentes corresponde às distâncias entre a linha-base e a parte inferior das letras "g", "j", "p", "q" e "y". Isso evita que as letras desçam muito e colidam com as linhas seguintes. Um design equilibrado tem uma boa proporção de altura entre ascendentes e descendentes, tornando agradável e fácil de ler.

A altura das maiúsculas garante um destaque visível em relação ao restante do texto. Já a altura das minúsculas, ou altura x, é a altura média das letras, que exclui a parte da letra que se estende acima da altura das maiúsculas e a parte da letra que se estende abaixo da linha-base, como no caso das letras "c", "x" e "z". Maiúsculas (caixa alta) e minúsculas (caixa baixa) contribuem para a legibilidade do texto, e a escolha apropriada pode afetar a estética e a clareza, sendo crucial encontrar o equilíbrio entre as alturas.

Outro fator que tem um grande papel para legibilidade e estética de um texto é o espaçamento. Cuidadosamente ajustado, é parte essencial de um design, pois adiciona organização visual, contribui para uma aparência visualmente agradável e cria um design harmonioso. Um espaçamento mais apertado pode criar um visual dinâmico, enquanto um espaçamento mais amplo pode transmitir uma sensação de calma e clareza. Essa variação pode ser usada para criar hierarquia visual, destacando elementos importantes como detalhes, títulos e subtítulo.

Mais conhecido como kerning (figura 3.24), o espaçamento entre as letras ajuda proporcionar um conjunto uniforme e equilibrado entre as combinações de letras, garantindo que não haja sobreposição ou lacunas excessivas que possam interferir na leitura. É aplicado a pares de letras específicos, em que o espaço-padrão pode parecer desigual – por exemplo, na figura 3.24, as letras "b" e "c" podem ter um espaçamento mais amplo que "d" e "e", isso pode ser feito para criar uma distribuição visual equilibrada. Seu objetivo é corrigir a aparência visual das letras, eliminando lacunas excessivas que criam espaçamento desigual à sobreposição.

Diferentemente do kerning, que ajusta o espaço entre pares específicos de letras, o tracking refere-se ao espaçamento uniforme aplicado a um bloco de texto ou uma sequência de caracteres, modificando o espaçamento entre todos as letras de uma palavra ou frase. Geralmente usados para criar textos mais apertados ou mais soltos conforme o estilo desejado, o tracking é uma valiosa ferramenta para criar textos mais compactos e impactantes ou mais abertos e arejados. Bem ajustado, contribui para o equilíbrio e a aparência visual de títulos, cabeçalhos e logotipos. Permite exercer um controle refinado sobre a aparência do texto, garantindo que o espaçamento seja adequado tanto estética como funcionalmente. O espaçamento extremo pode prejudicar o visual do texto, assim como o contrário pode deixar o texto confuso. Deve-se considerar cuidadosamente o melhor ajuste para alcançar o efeito desejado em seu projeto.

A combinação de tracking com kerning pode resultar em um texto bem equilibrado e visualmente agradável, impactando positivamente na qualidade estética e legibilidade. Kerning e tracking também contribuem significativamente para um design único, possibilitando a incorporação de hierarquias visuais que ajudam a guiar o olhar do observador. A aplicação consistente das duas características contribui para uma experiência de leitura harmônica.

Vetorizando texto

Uma fonte também pode ser convertida para um formato vetorial, ou seja, pode ser transformada em caminhos e contornos como se tivesse sido desenhada. Isso faz com que ela perca todas as suas propriedades, mas tem suas vantagens. Isso permite que você modifique um caractere, redesenhe algum detalhe, arredonde um canto ou exclua uma serifa, por exemplo. Você pode ainda editar elementos individualmente para ajustes finos na fonte, essa flexibilidade proporciona ajustes de formas e detalhes e permite uma personalização ampla e criativa ao adicionar ornamentos que seriam difíceis ou impossíveis em textos simples (figura 3.25).

Figura 3.25 – Vetorização de uma fonte

GATO

Fonte: Roboto

Fonte convertida em curvas Pontos de âncora manipulados Fonte manipulada

GATO GATO GATO

Particularmente útil, a vetorização de fontes facilita adaptações diferentes para designs responsivos, mantendo a clareza em diversas resoluções, garantindo as saídas de alta qualidade sem limitações de resolução e a uniformidade visual, independentemente de em qual plataforma serão exibidas. Detalhes finos e delicados de uma fonte são preservados em uma vetorização, o que permite a integridade.

IMPORTANTE

Lembre-se de que é importante respeitar as licenças de uso das fontes. Garanta que você tenha permissão para incorporar a fonte em seu trabalho e para modificá-la.

CONSIDERAÇÕES FINAIS

A habilidade de trabalhar com vetores proporciona aos profissionais um conjunto de ferramentas extremamente poderoso. Flexibilidade e escalabilidade não só simplificam o processo criativo, mas também abrem caminhos para a inovação e a eficiência. Ao compreender plenamente essas características, percebemos como elas se aplicam de maneira concreta no mundo real, tornando-se valiosas em diversas situações.

Ao criar elementos gráficos como logotipos, por exemplo, a vetorização permite adaptações precisas para diferentes tamanhos e materiais, assegurando uma identidade visual coesa e profissional. Imagine uma empresa que precisa de um novo logotipo. Ao criar o design em vetor, o designer pode garantir que o logotipo seja aplicável em diferentes contextos, desde cartões de visita até outdoors, sem perder a qualidade. Além disso, se a empresa precisar imprimir o logotipo em uma variedade de materiais, a vetorização assegura que se mantenha sua nitidez e legibilidade, independentemente do tamanho de impressão, proporcionando uma imagem corporativa sólida e impactante e garantindo que a qualidade visual seja mantida em qualquer dimensão e material.

A utilização de linhas, curvas e formas são essenciais para criar ilustrações em design gráfico, permitindo partir de formas de construção simples a produções mais complexas com auxílio de ferramentas de construção e edição. A versatilidade da ferramenta Caneta, o ponto de âncora e as alças de apoio permitem explorar criações muito mais complexas, e, aliados ao conceito de curvas de Bézier, dão agilidade e suavidade aos desenhos. Essas ferramentas e técnicas, além de outras que não foram abordadas neste capítulo, permitem a elaboração de ilustrações mais complexas e muito bem elaboradas.

A escolha cuidadosa das cores não apenas estabelece, mas também influencia a percepção de uma identidade visual, aprimora a legibilidade, cria uma identidade de marca e transmite mensagens eficientes. Ao incluir gradientes e texturas às cores, podemos obter efeitos visuais de brilhos e ilusões de relevo. O círculo cromático facilita a compreensão das teorias das cores evidenciando a relevância do entendimento das cores primárias, secundárias e terciárias e trazendo uma compreensão profunda das propriedades da cor, matiz, saturação e luminosidade. E ao se aliar à composição de cores, trazem harmonia visual, emoções e legibilidade. Diferentes composições, como complementares e análogas, são elementos-chave para um design, e a escolha de um sistema de cor tem que ser considerada para garantir consistência nas aplicações, uma vez que RGB e CMYK têm aplicações específicas em produções digitais e impressas.

Por fim, a escolha tipográfica vai além da estética, comunicação visual e compreensão do conteúdo. Uma fonte bem escolhida leva em consideração o público-alvo para transmitir uma mensagem direta e assertiva; o espaçamento, importante para uma hierarquia visual adequada; e a anatomia da fonte e o uso ou não de uma serifa, que têm grande impacto na legibilidade. Todas esses aspectos, aliados ao kerning e tracking, contribuem para a organização visual e mantêm a clareza em diferentes contextos.

CAPÍTULO 4

Produzindo um projeto visual

Você provavelmente já deve ter ido ou pelo menos passado em frente de uma casa lotérica. Já reparou como todas são muito parecidas? Ao ver uma lotérica na rua, logo a reconhecemos. Ao avistarmos uma agência dos Correios, também a identificamos facilmente. Sabe por que isso acontece?

As empresas, instituições, escolas e muitos outros lugares e produtos têm uma padronização em sua comunicação visual, possibilitando aos seus usuários reconhecerem que aquele lugar ou produto é de uma determinada marca. Para que essa padronização aconteça, existe um processo de criação de um projeto visual da marca e documentos que estabelecem regras de uso dos elementos gráficos dessa marca, de modo a criar uma consistência em suas utilizações.

Neste capítulo, veremos na prática como são criadas marcas e um de seus principais documentos, o manual de identidade visual. Vale ressaltar que esse processo pode ser utilizado para vários outros projetos visuais, como criação de campanha publicitária, projetos editoriais, entre outros.

O QUE É UM PROJETO VISUAL?

Um projeto visual é uma representação planejada e organizada de elementos visuais, como cores, formas, imagens e tipografia, com o objetivo de comunicar uma mensagem ou transmitir uma ideia de modo eficaz e esteticamente agradável. Todo projeto visual tem um propósito específico, que pode incluir informar, persuadir, entreter ou inspirar. Os objetivos do projeto visual são definidos com base no propósito geral, determinando o que se espera alcançar com o projeto. Como o próprio nome propõe, é algo a ser desenvolvido para alcançar o público visualmente, por exemplo, quando olhamos uma foto de um lanche e temos o desejo de comê-lo, o projeto atingiu seu objetivo, o propósito geral, afinal, espera-se com a propaganda fazer com que pessoas comprem o lanche do estabelecimento.

Muitas vezes, os projetos visuais são desenvolvidos para representar uma empresa, marca, produtos ou serviços. Para isso, eles podem necessitar de um manual de identidade visual que pode incluir elementos da marca, como logotipos, cores, tipografia e outros elementos visuais consistentes com a identidade da marca.

Antes de iniciar um projeto visual, qualquer que seja sua natureza, primeiro é necessário entender as necessidades que o projeto demanda, como pesquisas para entender o público-alvo, a concorrência, as tendências de design e outros fatores relevantes. Muitas vezes, o contratante do projeto já possui algumas dessas informações, então é fundamental conhecer a demanda do projeto e seus detalhes elaborando um briefing (como visto no capítulo 1).

Depois de entender a demanda do projeto, começa-se a etapa do desenvolvimento criativo, geração de ideia e conceitos visuais que atendam ao objetivo. Esse processo pode incluir alguns esboços, estudos de cores, colagens, busca por referências e outros processos que explorem diferentes abordagens visuais.

Uma vez que essas etapas são finalizadas e cria-se o conceito, o projeto é desenvolvido em sua forma final. Isso pode envolver o uso de software de design gráfico para criar layouts, editar imagens e produzir materiais impressos ou digitais.

Dependendo do tipo de projeto que está sendo desenvolvido, principalmente aqueles ligados a serviços terceirizados, é comum revisar e refinar o trabalho com base no feedback do cliente ou de outros colaboradores. Isso pode incluir ajustes na composição, nas cores ou na tipografia para garantir que o projeto atenda aos requisitos e às expectativas. Lembrando que esse feedback é para realizar alguns ajustes, e não para recriar todo o projeto novamente.

Para a finalização, o projeto visual é entregue ao cliente ou ao público-alvo e pode ser implementado em diferentes contextos e mídias, como sites, redes sociais, materiais impressos e embalagens.

POSSIBILIDADES E MERCADO DE TRABALHO

O universo dos projetos visuais é muito vasto, com inúmeras ramificações e especialidades. Só no universo do design, temos várias vertentes que têm se multiplicado cada dia mais. Segundo a Associação dos Designers Gráficos do Brasil (ADG Brasil, 2003), são seis principais vertentes que geram novos segmentos.

- **Design gráfico:** a vertente mais popularmente conhecida, é responsável pela criação de marcas, trabalho que tem cada dia mais se tornado complexo em razão das grandes demandas competitivas do mercado. Pensar nos símbolos e logotipo de uma marca é apenas o começo de uma vasta demanda de criações voltadas para toda a comunicação que pode ser construída.

- **Design institucional:** voltado para publicações específicas, de uma instituição ou empresa, que demandam uma adaptação das padronizações criadas para a marca, como divulgação de eventos, catálogos e relatórios anuais. Permeia entre a identidade visual e o design editorial.

- **Design editorial:** diz respeito à criação e layout de publicações impressas, como revistas, jornais, livros e catálogos. Os designers editoriais são responsáveis pela organização visual do conteúdo, incluindo o uso de grade, tipografia, imagens e elementos gráficos para tornar a leitura agradável e facilitar a compreensão do conteúdo.

- **Design de embalagens:** trabalha a criação de embalagens visualmente atraentes e funcionais de acordo com seus produtos designados. Esse processo inclui a escolha dos materiais da embalagem, assim como a criação do layout, escolha de tipografia, cores e elementos gráficos que comuniquem a identidade da marca e destaquem as características do produto, ao mesmo tempo que mantêm a qualidade ergonômica e protegem o produto.

- **Design de material promocional:** segundo a ADG Brasil (2003), o material promocional projetado pelo designer constitui sempre um produto em si, que se afirma como peça autônoma. Isso significa que o design de material promocional abrange a criação de materiais únicos para peças específicas destinadas a promover produtos, serviços, eventos, entre outros. Buscando atrair a atenção do público e persuadi-lo a se interessar pelo assunto.

- **Design ambiental:** concentra-se na criação de sinalização e de ambientações. O primeiro trata de projetar sinalizações a serem implementadas em edifícios, terminais rodoviários, ferroviários, museus, entre outros. Já o segundo está diretamente ligado às artes e à arquitetura, como projetos de exposições, estandes e eventos.

Esse é só um resumo de algumas das muitas áreas que podem abranger os projetos visuais. Cada área do design tem suas próprias técnicas e especificidades, mas todas compartilham o objetivo de criar soluções visuais eficazes.

SUGESTÃO PARA SE APROFUNDAR

Para aprofundar os conhecimentos sobre as áreas do design, precificação, contratos e afins, leia O *valor do design: guia* ADG Brasil de *prática profissional do designer gráfico*, de ADG Brasil (2003).

PROJETANDO

Trabalharemos agora o processo de criação de um projeto visual. Para uma maior imersão e visualização de tal aprendizado, você poderá acompanhar a elaboração de uma marca do zero até suas aplicações e, por fim, o projeto visual como um todo.

Observe que utilizaremos as principais etapas abordadas anteriormente neste livro. No entanto, lembre-se de que cada indivíduo tem autonomia para desenvolver seus projetos de diversas maneiras diferentes, não existe uma regra única para criar. Tal como cada projeto é singular, cada pessoa também o é.

Vale, contudo, ressaltar que compreender a didática e a metodologia pre-estabelecidas para tais processos pode alavancar o seu desenvolvimento e até seu êxito em ser realizado. Construir tais conhecimentos auxiliará também para que o projetista consiga estabelecer seus próprios passo a passos e personalizações. Portanto, uma vez que existem muitas literaturas e ferramentas para auxiliar no processo, é de grande valia conhecê-las e conceber que o conjunto desse saber somado à prática dos projetos desenvolvidos é o que resultará no melhor entendimento de quais ferramentas se adequam melhor ao seu trabalho.

Vamos, então, ao projeto que será a base deste capítulo. Como proposta, pensamos na confecção de uma marca para um projeto pedagógico escolar: a criação do clube do audiovisual.

Briefing de identidade visual, brainstorm e painel semântico

Conforme já introduzimos em outros capítulos, um briefing pode ser utilizado em diversos tipos de projetos visuais. Ele é um documento detalhado que descreve diversas necessidades, objetivos, valores e diretrizes de uma empresa, organização, projeto ou cliente em relação à sua identidade visual. Ele serve como um guia para os designers ou equipes responsáveis pela criação da identidade visual, fornecendo informações essenciais sobre a marca e suas características distintivas.

No briefing, são acertados, em conjunto com a equipe ou o cliente, aspectos como missão e valores da empresa, seu público-alvo, concorrência, diferenciais competitivos, visão de futuro, além de qualquer informação relevante sobre a história, cultura e personalidade da marca. Também são especificadas as preferências estéticas como cores, tipografia e estilo visual desejados, bem como as aplicações práticas da identidade visual, uniformes, embalagens, materiais de papelaria, entre outros.

Em resumo, o briefing de identidade visual funciona como um roteiro que orienta o processo criativo, garantindo que o resultado final esteja alinhado com a visão e valores da marca, além de atender às expectativas e necessidades do cliente.

Para exemplificar a produção de um projeto visual, estamos desenvolvendo neste capítulo o projeto fictício de criação do clube do audiovisual. Antes de se começar um projeto, é preciso ter acertado os prazos e valores e assinado o contrato. Feito isso, podemos iniciar o projeto fazendo a leitura do briefing a seguir.

Um grupo de entusiasmados alunos do curso técnico de computação gráfica, da cidade paulista de São José dos Campos, descobriu uma paixão pelo mundo do audiovisual após participarem das aulas de captação e edição de vídeo. Movidos pelo desejo de dedicar mais tempo ao desenvolvimento de projetos pessoais, decidiram fundar o "Clube do Audiovisual". Esse clube proporcionará um ambiente colaborativo em que os membros terão a oportunidade de aprimorar suas habilidades, orientados por um docente da área, além de terem a chance de criar um portfólio diversificado.

Inicialmente, o foco será nos alunos dos cursos técnicos de computação gráfica e design gráfico, aproximadamente 100 estudantes. Essa abordagem permitirá testar a eficácia do clube, antes de sua possível expansão para outras turmas e áreas de interesse, incluindo a participação de outros docentes.

Os trabalhos produzidos pelo clube serão realizados utilizando os recursos e equipamentos disponíveis nas instalações da escola. Os vídeos resultantes serão compartilhados nas plataformas digitais YouTube e Instagram, enquanto eventuais gravações de podcasts serão vinculadas ao Spotify. Para dar identidade ao clube, será desenvolvida uma marca própria.

Como uma maneira de incentivar a participação, será criado um kit personalizado para os membros fixos do clube. Esse kit incluirá uma camiseta, um caderno, uma caneta, um boné, um boton, um crachá e um adesivo, todos seguindo a identidade visual estabelecida para o clube.

O "Clube do Audiovisual" não apenas promete ser um espaço de aprendizado e criação, mas também um ponto de encontro para aqueles apaixonados pela arte e tecnologia do audiovisual daquela comunidade escolar.

Ao concluir a leitura do briefing, é provável que algumas ideias já tenham surgido. Assim, é crucial iniciar o brainstorm para explorar todas as ideias que surgirem. Nessa fase, nenhuma ideia deve ser descartada, e todas devem ser registradas para uma posterior revisão e reorganização. Podemos realizar o brainstorm de diversas maneiras: em uma lousa, em um papel ou em ferramentas digitais, como softwares específicos, e utilizar cores ou notas adesivas para categorizar as ideias. Além disso, o brainstorm pode ser conduzido individualmente ou em grupo, dependendo das preferências e necessidades do projeto.

No exemplo deste projeto, optou-se por realizar o brainstorm digitalmente, utilizando um software de imagem bitmap. Essa escolha foi feita para facilitar a posterior reorganização das ideias, mas também seria viável utilizar um programa de ilustração vetorial ou softwares específicos para criação de brainstorms. O importante é escolher a ferramenta que melhor se adéque ao processo criativo e à dinâmica da equipe envolvida.

Figura 4.1 – Brainstorm inicial

clube do audiovisual
BRAINSTORM

VALE DO PARAÍBA

CÂMERAS EM TRIPÉS   roda de conversa

RIGIDEZ vs FLUIDEZ   JORNALISMO   bastidores   MAZZAROPI

TRIPÉS COM EQUIPAMENTO DE
LUZ   REDES SOCIAIS

RÁDIO e TV
CIDADE DE SJC - ARCO DA   CINEMA
INOVAÇÃO
                grupo de alunos utilizando equipamentos
        trabalho em equipe

headsets e microfones   mesacast e podcast   GESTALT

CORES
fitas de vídeo   CINEMA NACIONAL   identidade coletiva

design   ARTE CONTEMPORÂNEA   underground

        história do cinema
POP   PATRIMÔNIO IMATERIAL

            ELEMENTOS DE GRAVAÇÃO   patrimônio material
TECNOLOGIA

                                Realidade alternativa
    HISTÓRIA DA ARTE
    ARTE MODERNA
                                        Discussão de ideias
                    IA   coletivo
PUBLICIDADE e PROPAGANDA   RETRÔ
            belo vs feio

PRODUZINDO UM PROJETO VISUAL

Concluído o estágio de brainstorm, registrando todas as ideias e referências que surgiram, avançamos para a próxima etapa crucial: organizar essas ideias de modo legível e estruturado, atribuindo ênfase às palavras e aos conceitos que mais se destacam no contexto da marca.

Para isso, vamos analisar cuidadosamente as anotações e destacar os elementos que melhor representam a essência da marca. Essa seleção ajudará a direcionar o processo criativo, garantindo que a identidade visual reflita de maneira mais precisa a identidade e a mensagem da marca.

É importante ressaltar que essa organização pode ser realizada de diversas formas, como por meio de agrupamentos temáticos, hierarquização de conceitos ou mesmo atribuição de cores e tamanhos distintos às palavras-chave. O objetivo é criar uma representação visual clara e impactante do universo da marca, que servirá como base para o desenvolvimento da identidade visual.

Figura 4.2 – Brainstorm final

clube do audiovisual
BRAINSTORM

CÂMERAS EM TRIPÉS
TRIPÉS COM EQUIPAMENTO DE LUZ
bastidores
roda de conversa
IA
TECNOLOGIA
JORNALISMO
RÁDIO e TV
patrimônio material
VALE DO PARAÍBA
POP
MAZZAROPI
mesacast e podcast
CIDADE DE SJC - ARCO DA INOVAÇÃO
trabalho em equipe
REDES SOCIAIS
RETRÔ
grupo de alunos utilizando equipamentos
história do cinema
design
identidade coletiva
POP
CINEMA NACIONAL
CINEMA
GESTALT
mídias digitais
headsets e microfones
identidade coletiva
som
belo vs feio
CORES
coletivo
ARTE CONTEMPORÂNEA
fitas de vídeo
design
RIGIDEZ vs FLUIDEZ
ELEMENTOS DE GRAVAÇÃO
RETRÔ
underground
VR
HISTÓRIA DA ARTE
ARTE MODERNA
PATRIMÔNIO IMATERIAL
Realidade alternativa
Discussão de ideias
PUBLICIDADE e PROPAGANDA

Podemos começar, então, a etapa de pesquisas para coletar referências visuais sobre o tema, as quais serão organizadas em um painel semântico, também conhecido como moodboard.

O painel semântico é uma ferramenta essencial que pode conter uma variedade de elementos, incluindo imagens, recortes, palavras-chave, fontes e até mesmo um estudo breve sobre outras marcas do mesmo nicho. Esses elementos exploram o tema central do projeto, podemos usar também os elementos trabalhados no briefing anterior, incluir, seguindo nosso exemplo de proposta, imagens da escola, dos equipamentos utilizados e outros elementos relevantes.

Inicialmente, o painel semântico pode parecer caótico como o começo do brainstorm, pois é o resultado inicial da coleta de informações. No entanto, à medida que as pesquisas são finalizadas, é fundamental organizar o painel para tornar o processo de criação mais fluido e eficiente. Essa etapa de organização permite uma visualização clara das inspirações e direcionamentos, preparando o projeto para a próxima fase do desenvolvimento da identidade visual.

Figura 4.3 – Painel semântico 1

Créditos: Vrs000/CC BY-SA 4.0 Deed; LuisK79/CC BY-SA 4.0 Deed.

Figura 4.4 – Painel semântico 2

Créditos: Eli Kazuyuki Hayasaka/CC BY-SA 2.0 Deed; Museu Mazzaropi/CC BY-SA 4.0 Deed.

Finalizada essa etapa, podemos revisar o briefing, o brainstorm e o próprio painel semântico (moodboard) para criar um conceito da marca. Por meio desse conceito, serão trabalhadas composições com base nos princípios do design para que sua forma seja coerente com o conceito estabelecido.

Conceito

Pensando que a marca está sendo construída para um público mais jovem, de faixa etária entre 16 e 24 anos, de uma escola de ensino médio e técnico, é importante que essa construção seja de um tom mais descontraído e despojado, mas não de forma exagerada porque ainda assim é um projeto pedagógico.

A marca busca ressaltar os múltiplos estímulos criativos, sociais, culturais e do coletivo no geral, e deve ser construída em contraponto ao minimalismo, com muitos detalhes, nuances e diversidades. O conceito deve imprimir, sobretudo, a ideia de que o audiovisual não se constrói com um único indivíduo, mas sim com muitos deles, é uma construção de muitas vias.

A análise de todo o conteúdo do brainstorm, do painel semântico e do conceito será a referência para a construção da marca. Podemos começar com esboços de algumas ideias, que podem ser feitos no papel ou direto no computador. Nesse projeto, as ideias foram desenhadas com uma mesa digitalizadora em um software de imagem bitmap (figura 4.5). Nesta etapa, buscamos trabalhar mais as formas e disposições no geral.

Figura 4.5 – Esboços de ideias

Após esboçar várias ideias (figura 4.5) e revisitar as referências, foi selecionada a última delas para um refinamento mais detalhado. Essa escolha foi baseada na sua capacidade de comunicar efetivamente os valores e a identidade da marca.

Em seguida, a imagem foi transferida para um software de ilustração vetorial, garantindo uma construção mais eficiente dos elementos gráficos. Ao trabalhar em um software de ilustração vetorial, é possível fazer uma manipulação mais flexível dos elementos visuais, a experimentação com diferentes composições e a aplicação de ajustes precisos, garantindo que a imagem possa ser reproduzida em diversos tamanhos sem perda de qualidade. Nessa etapa, cada detalhe é refinado com cuidado para garantir que o resultado final esteja alinhado com a visão e o conceito do projeto.

Figura 4.6 – Trabalhando ideias em software de ilustração vetorial

PRODUZINDO UM PROJETO VISUAL

A construção da marca resultou em duas formas, mesmo que essas ainda possam ser refinadas até a finalização da marca, para agregar na construção do conceito da marca. A primeira forma é um desenho minimalista de um grupo de pessoas, trazendo a representação da coletividade que é o objetivo de um clube. Já a segunda forma é uma sequência de retângulos na área inferior, trazendo referência aos furinhos dos rolos de filmes utilizados no cinema na era analógica. Um elemento que faz menção à história do audiovisual.

Ainda assim não é a marca final. Voltando aos princípios do design, o peso ainda não está adequado visualmente e, apesar de já termos um desenho, ainda existem mais detalhes para trabalharmos, como as formas e outros elementos gráficos, nesse caso, os caracteres do texto. É importante ter o conceito da marca em mente para buscar por fontes descontraídas e despojadas.

Lembre-se, ao procurar por fontes, é necessário checar o direito de uso delas. Busque plataformas de uso gratuito ou pague pelo direito de uso. Para esse projeto, foi utilizado a Adobe Fonts, mas uma opção gratuita que poderia ter sido utilizada é o Google Fonts. Essas plataformas possibilitam uma busca personalizada pensando no humor ou no estilo da fonte, além de algumas classificações como fontes com ou sem serifas. Possibilitam também inserir um texto de amostra, no caso "audiovisual", para visualizar o estilo das fontes (figura 4.7).

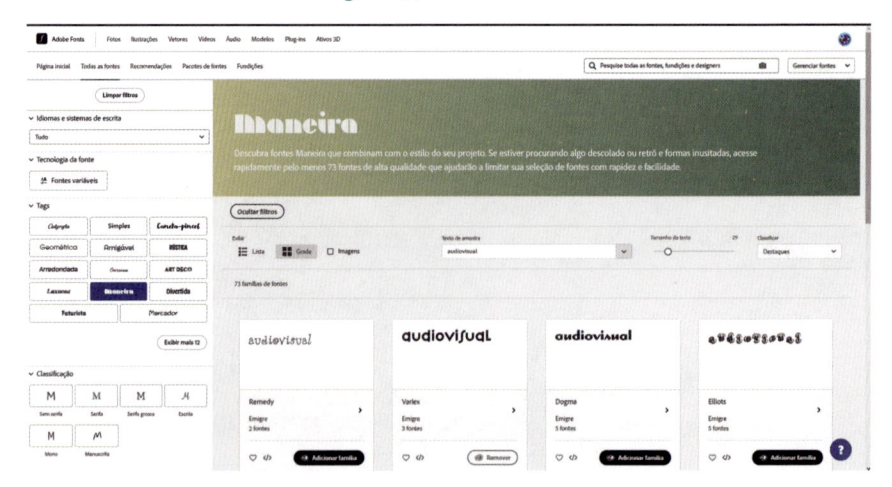

Figura 4.7 – Adobe Fonts

Após selecionar algumas fontes, é importante destacar as diferenças de cada uma, como seus pontos fortes e suas características particulares. Isso proporciona ao desenvolvimento do projeto uma compreensão clara das escolhas disponíveis e facilita a tomada de decisão final. Vamos, então, selecionar a opção que se adéque melhor à nossa proposta (figura 4.8).

Figura 4.8 – Testes de fontes na criação da marca

As opções finais de tipografia para a identidade visual de nosso projeto são:

- **Myriad Pro**: esta é a mesma tipografia utilizada no último desenho da logomarca mostrada anteriormente (figura 4.6), é uma fonte-padrão do software de ilustração vetorial que está sendo utilizado para o projeto. Essa fonte é conhecida por sua legibilidade e estética visualmente agradável. Apesar de sua simplicidade, é uma escolha sólida, recomendada para parágrafos e cabeçalhos, oferecendo uma composição limpa e simples à marca.

- **Variex OT**: aqui temos uma fonte que foge do padrão comum de alturas e alinhamentos das fontes. Ela tem um caráter despojado, feito para se destacar e adicionar personalidade a suas aplicações. Sua escolha traz um elemento de diferenciação e destaque.

- **Hobeaux**: esta fonte foge do estilo geométrico tradicional. Carregada de um humor mais divertido, ela é um pouco mais condensada em comparação às anteriores.

Para a palavra "audiovisual", optamos pela fonte Variex OT, em razão de seu dinamismo e capacidade de transmitir um conceito descontraído, que se alinha com o público-alvo do projeto. Para o "clube do", mantivemos a fonte-padrão Myriad Pro, garantindo legibilidade e permitindo que a palavra "audiovisual" se destaque de maneira equilibrada.

Durante o processo de seleção das fontes, também foram feitos ajustes no tamanho e na distribuição das formas, buscando alcançar a melhor distribuição visual possível.

O próximo passo é explorar a paleta de cores para o projeto. Nos nossos painéis semânticos (figuras 4.3 e 4.4), inserimos as referências de paletas de cores geradas pelo Adobe Color. Nos dois casos, as paletas tinham características mais monocromáticas, com tons de cinza e uma cor de destaque. Embora o cinza seja representativo do universo audiovisual, optamos por adicionar uma cor mais chamativa para atrair a atenção do público. Após testar diversas opções, decidimos por um tom de vermelho, fazendo referência às cadeiras de cinema e ao indicador "rec" das câmeras.

Com as tipografias definidas e a paleta de cores selecionada, podemos explorar os grafismos escolhidos para a marca e continuar no processo de elaboração da identidade visual do projeto.

Figura 4.9 – Estudos de diferentes desenhos para a marca

A versão escolhida foi a segunda opção. Aproveitando que a marca foi desenvolvida em software de ilustração vetorial, realizamos um pequeno ajuste no comprimento dos caracteres "D" e "L" para melhorar a legibilidade da palavra como um todo.

Esses pequenos ajustes visam garantir que a identidade visual da marca seja clara e facilmente compreensível, mesmo em tamanhos reduzidos ou em situações de visualização rápida. A atenção aos detalhes nesse estágio do processo é importante para assegurar que a tipografia escolhida desempenhe bem seu papel na comunicação da marca.

Figura 4.10 – Ajustes finos

Construindo o manual da identidade visual

O que é o manual da identidade visual e por que ele é tão importante?

A identidade visual, conforme Munhoz (2013), é composta pela marca e por elementos visuais adicionais, os quais, combinados, transmitem o padrão estético que caracteriza uma instituição ou produto. A construção de uma identidade é o que faz o indivíduo reconhecer que uma obra pertence a um artista em vez de outro; é assistir a filmes clássicos, como *Nosferatu* (1922) e *O gabinete do dr. Caligari* (1920), e reconhecê-los como peças únicas do expressionismo alemão; é identificar que um brinquedo pertence ao mundo da Barbie, e o outro, ao mundo do Max Steel. O que cria essa percepção são repetições de alguns padrões da marca que foram pensados e definidos para que não haja variáveis indesejadas ao utilizá-la em novos produtos ou novas peças.

Essa padronização da marca é definida por meio do manual de identidade visual, no qual são delimitados os padrões adotados pela marca. Existem diversas maneiras de criar um manual, podendo variar seu conteúdo de acordo com o produto, suas aplicações, sua abrangência, entre outras características. No projeto que estamos usando de exemplo neste capítulo, serão desenvolvidos os tópicos mais comumente observados em manuais de identidade visual. Esses tópicos podem ser mais trabalhados dependendo da complexidade do projeto ou demanda, assim como podem ser acrescentadas muitas outras categorias.

Um manual de identidade visual é um documento que reúne diretrizes e padrões visuais para garantir a consistência na representação gráfica de uma marca ou empresa, trazendo objetivos como consistência da marca, profissionalismo e eficiência de produção. Em resumo, um manual de identidade visual desempenha um papel fundamental na gestão da imagem de uma marca, garantindo que ela seja reconhecida e que transmita a mensagem desejada de maneira consistente em todos os pontos de contato com o público.

A seguir, vamos demonstrar o desenvolvimento do manual de identidade visual do projeto que estamos usando de exemplo neste capítulo.

Capa

Todo manual começa com uma capa clara e objetiva sobre seu conteúdo e a qual marca ou projeto está se referindo. Desde a criação de sua capa, o manual tem que ser criado com a consistência da identidade visual da marca ou do projeto que ele está se referindo. Essa consistência provém das referências gráficas que estarão no próprio manual, como cores, tipografias e elementos gráficos.

No nosso exemplo de marca criada, é possível observar a repetição de referências gráficas da marca com o intuito de reforçar a sua identidade, utilizando as cores dispostas no manual e os elementos gráficos.

Figura 4.11 – Manual da marca: capa

Conceito

O item seguinte que foi trabalhado no nosso manual é o conceito da marca. Também poderiam ter sido inseridos tópicos como sumário, objetivo, introdução, apresentação, histórico da marca e até mesmo o briefing do projeto.

O conceito precisa estar relacionado com o conceito criado anteriormente na fase de criação da marca, ele exprime as diretrizes utilizadas no processo de criação do projeto. A marca, por sua vez, precisa refletir o conceito criado para o projeto. Cada elemento que compõe a marca deverá se justificar com referência no conceito criado.

Figura 4.12 – Manual da marca: conceito

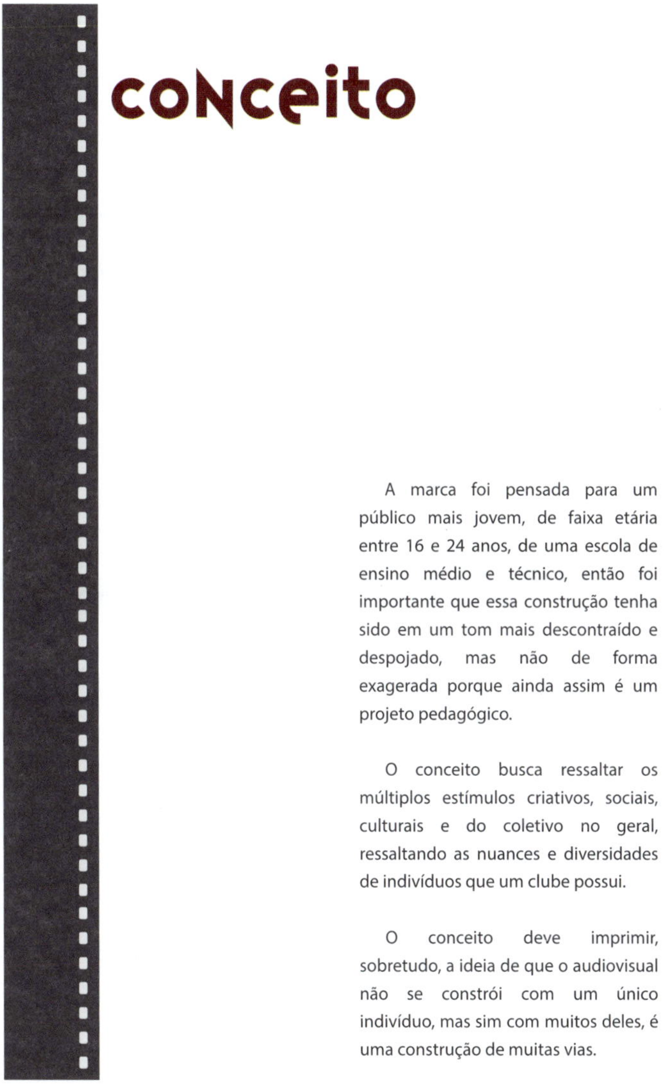

coNceito

A marca foi pensada para um público mais jovem, de faixa etária entre 16 e 24 anos, de uma escola de ensino médio e técnico, então foi importante que essa construção tenha sido em um tom mais descontraído e despojado, mas não de forma exagerada porque ainda assim é um projeto pedagógico.

O conceito busca ressaltar os múltiplos estímulos criativos, sociais, culturais e do coletivo no geral, ressaltando as nuances e diversidades de indivíduos que um clube possui.

O conceito deve imprimir, sobretudo, a ideia de que o audiovisual não se constrói com um único indivíduo, mas sim com muitos deles, é uma construção de muitas vias.

Construção

Conforme já apresentado anteriormente, a construção dos elementos gráficos da marca se justifica por meio do conceito proposto (figura 4.13).

Figura 4.13 – Manual da marca: construção

Uma construção tipográfica que foge do padrão das alturas e alinhamentos das fontes. Uma fonte de uso mais decorativo feita para se destacar. Trabalhada em uma cor mais clara para contrastar com o fundo escuro.

Um desenho minimalista de um grupo de pessoas, representando a coletividade, que é o objetivo de um clube.

Uma referência aos rolos de filmes utilizados no cinema na era analógica. Um elemento que faz menção à história do audiovisual.

Observe na figura 4.13 como os três elementos juntos transmitem o conceito da marca:

- A tipografia traz um ritmo que foge do comum, com mais movimento e entusiasmo, trazendo o conceito da faixa etária do público-alvo.

- As formas remetem a um grupo, representando a coletividade do clube.

- O elemento gráfico representa um rolo de filme, fazendo referência à história do audiovisual.

A construção da marca pode conter vários outros elementos, por exemplo, a malha/grade de construção para evitar possíveis distorções do desenho original. Sobre a grade de construção, Munhoz (2013) diz:

> A grade de construção deve ser elaborada com precisão. É fundamental indicar todos os fatores que viabilizem a construção da marca, como ângulos, curvas, primitivas geométricas, tangentes etc. A grade de construção é o desenho técnico da marca (Munhoz, 2013, p. 43).

Pode conter também os dimensionamentos mínimos que a logomarca pode ter, tanto para materiais impressos quanto para arquivos digitais, assim como para as variações da marca, como horizontal ou vertical, apenas o símbolo ou apenas o logotipo. Ainda sobre o dimensionamento, também podem ser delimitadas algumas dimensões de acordo com o seu uso, por exemplo, aplicação da marca em relevo seco.

Outro item que pode ser explorado é a área de proteção da logomarca, que visa preservar a visibilidade da leitura do desenho, evitando que outros elementos dispostos no projeto escondam a marca. Usualmente, é utilizado um elemento gráfico da própria marca como referência de unidade de medida para definir essa margem de segurança.

Variações

Um dos tópicos mais importantes do manual são as variações da logomarca, ilustrando as diferentes assinaturas que a marca pode ter em diversas situações.

Essas variações podem ser:

- Cores: variações cromáticas (coloridas), monocromáticas (em escala de cinza), preto e branco, aplicações sob fundos coloridos claros e coloridos escuros, sob fundos de escala de cinza e muitos outros.

- Disposições: logomarca no sentido vertical ou horizontal.

- Versões secundárias: aqui podem existir uma infinidade de opções, utilizações somente de símbolo, somente do logotipo (utilizando só a tipografia), simplificações da marca, entre outros.

Nesse contexto, também é válido adicionar possíveis proibições de aplicação da logomarca de acordo com as cores e as texturas do plano de fundo.

Figura 4.14 – Manual da marca: variações

variações

PRINCIPAL

Logomarca composta pelo símbolo e pela tipografia.

Logomarca principal, colorida. Utilização sobre todas as cores de fundo, mas, se o fundo for do mesmo tom de cinza do símbolo ou mais escuro, poderá ser utilizada a versão secundária da marca.

Variação monocromática em escala de cinza da logomarca principal.

K: 90%   K: 40%   K: 05%

SECUNDÁRIO

Variação apenas com a tipografia e um elemento gráfico para utilizações secundárias.

Cores

As cores têm grande impacto na identidade visual de um projeto, uma vez que é por meio delas que muitas marcas são reconhecidas. Por mais que muitas marcas possam ter cores parecidas, cada uma tem sua própria identidade, definida por pequenas variações.

Existem muitos padrões de cores que podem ser citados no manual de acordo com seus usos, as três mais frequentemente encontradas são: RGB (utilizada em projetos digitais), CMYK (utilizada para projetos impressos), Pantone (para diversos usos), além de HSL, HSB e Lab (utilizadas mais nos meios do audiovisual) e padrões específicos para automóveis, tintas, entre outros.

Para o projeto deste livro, foram utilizados apenas os padrões de RGB, CMYK e HEX, padrão hexadecimal utilizado principalmente em códigos de programação (figura 4.15).

Figura 4.15 – Manual da marca: cores

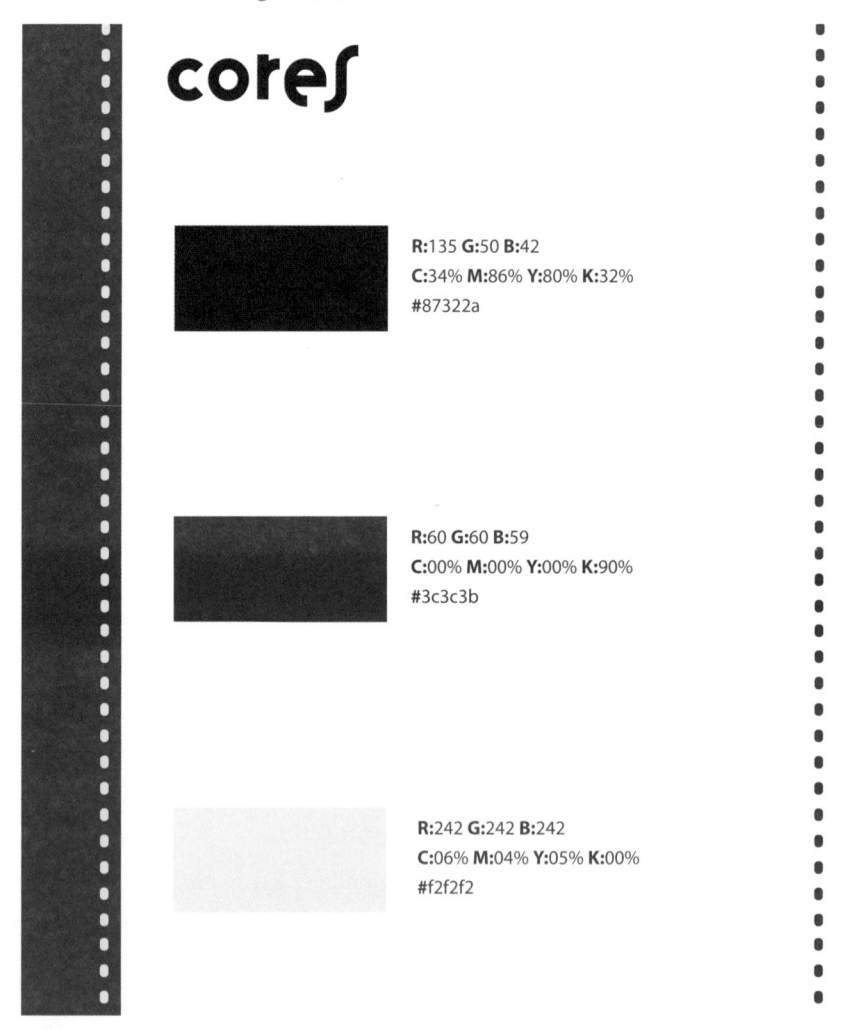

cores

R:135 **G:**50 **B:**42
C:34% **M:**86% **Y:**80% **K:**32%
#87322a

R:60 **G:**60 **B:**59
C:00% **M:**00% **Y:**00% **K:**90%
#3c3c3b

R:242 **G:**242 **B:**242
C:06% **M:**04% **Y:**05% **K:**00%
#f2f2f2

Tipografia

Assim como as cores, as tipografias da marca também devem ser corretamente padronizadas para trazer mais profissionalismo à identidade visual criada. No manual que estamos utilizando de exemplo, a tipografia é o conjunto de fontes selecionadas para desenvolver o projeto.

Como já mencionado anteriormente, essas fontes devem ser corretamente adquiridas de acordo com seu uso. Algumas fontes são de uso gratuito para projetos pessoais, todavia, em outros casos é preciso comprar o direito de uso tanto para projetos pessoais como comerciais. Sempre verifique as condições de uso da fonte que for escolhida para evitar futuros problemas.

Um tópico importante acerca da fonte é se atentar se a fonte escolhida abrange todas as características do idioma da marca que está sendo desenvolvida. No caso da língua portuguesa, deve-se verificar se a fonte dispõe dos acentos utilizados no idioma e se tem o caractere da cedilha (Ç/ç), além disso, dependendo do objetivo de uso, verificar também os caracteres de pontuação, os numéricos (1, 2, 3, 4, 5, 6, 7, 8, 9 e 0) e os especiais (como @, #, $, %, ¨, &, *).

A organização da tipografia pode ser feita de diversas maneiras, entre elas, separando as fontes em principais e auxiliares, e em alguns casos em fontes utilizadas em títulos e as utilizadas em textos (figura 4.16).

Figura 4.16 – Manual da marca: tipografia

tipografia

TÍTULOS

variex ot - regular

ABCDEFGHIJKLMNOPQRSTUVWXYZ
abcdefghijklmnopqrstuvwxyz
1234567890
!@#$%¨&*()

variex ot - bold

ABCDEFGHIJKLMNOPQRSTUVWXYZ
abcdefghijklmnopqrstuvwxyz
1234567890
!@#$%¨&*()

TEXTOS E TÍTULOS

MYRIAD PRO - REGULAR

ABCDEFGHIJKLMNOPQRSTUVWXYZ
abcdefghijklmnopqrstuvwxyz
1234567890
!@#$%¨&*()

MYRIAD PRO - BOLD

ABCDEFGHIJKLMNOPQRSTUVWXYZ
abcdefghijklmnopqrstuvwxyz
1234567890
!@#$%¨&*()

> **SUGESTÃO PARA SE APROFUNDAR**
>
> Para saber mais sobre o assunto, recomendamos a leitura da obra *Pensar com tipos: guia para designers, escritores, editores e estudantes*, de Ellen Lupton (2020).

Elementos adicionais

Os elementos adicionais consistem em grafismos que se mostram úteis na representação da identidade da marca. Conforme evidenciado no manual exemplificativo, é possível notar que alguns desses elementos já são empregados de maneira direta nas pranchas, desempenhando um papel crucial ao reforçar o contexto da marca.

Esses elementos podem variar em complexidade, desde traçados simples e faixas até ícones alinhados ao nicho da marca ou mesmo padrões elaborados que incorporam a logomarca ou elementos derivados dela.

Figura 4.17 – Manual da marca: elementos adicionais

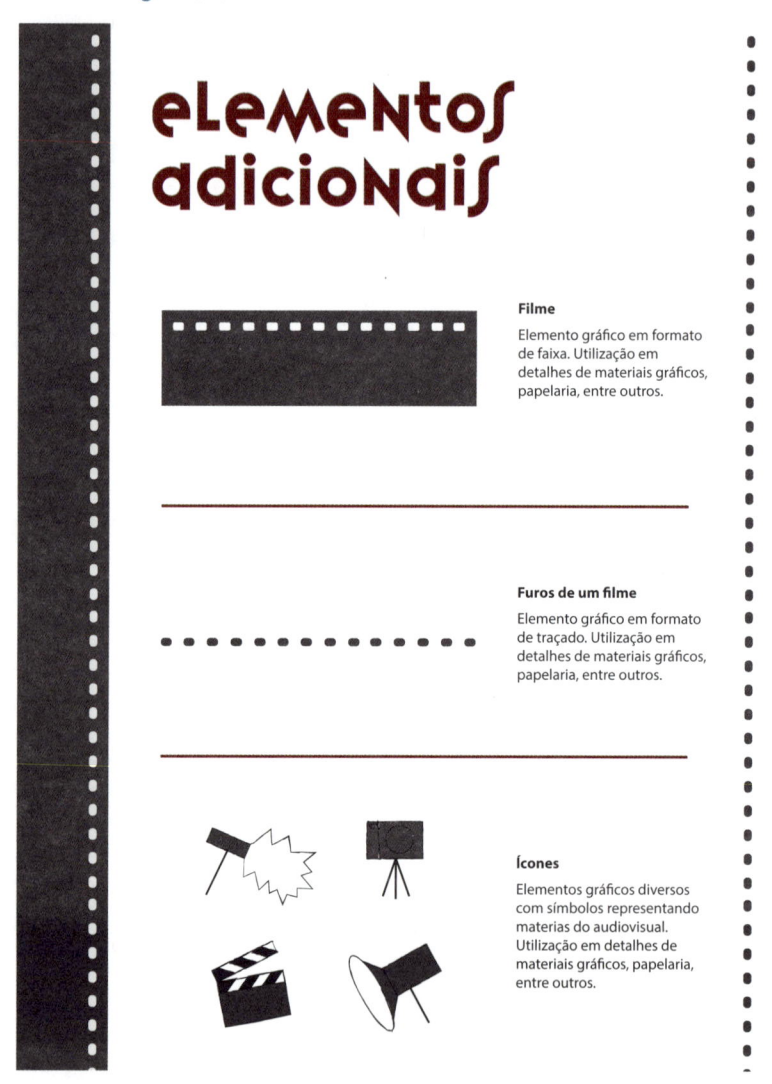

Aplicações

Nesta fase, procede-se à implementação das diversas aplicações da identidade visual do projeto. Essas aplicações manifestam-se em várias formas, englobando itens de papelaria, como cartões de visita e envelopes, além de estenderem-se para frotas de veículos, uniformes, bonés, crachás, estandes, embalagens, merchandising, entre tantas outras possibilidades.

No contexto do manual de exemplo, as aplicações foram acertadas durante o briefing com o cliente, e os resultados visíveis podem ser conferidos na figura 4.18. É importante ressaltar que tais aplicações são representações gráficas do produto final, sendo fundamental que cada uma delas possua seu arquivo próprio com as especificações necessárias para a correta execução.

Para a execução das aplicações da figura 4.18, foi utilizado um fluxo de trabalho intenso entre softwares de imagem bitmap e ilustração vetorial para realização dos mockups. Na maior parte das vezes, trouxemos vetores para o software de imagem bitmap para fazer uma mesclagem de camadas mais realista para os itens de modelo.

Figura 4.18 – Manual da marca: aplicações

Para finalizar o manual, ainda é possível adicionar uma prancha de encerramento ou de agradecimentos. Esse manual poderá ser utilizado digitalmente ou diagramado para impressão para futuras consultas. Além disso, é importante disponibilizar todos os gráficos desenvolvidos em formatos de imagens, PDFs e vetores de acordo com suas utilizações.

CONSIDERAÇÕES FINAIS

O mercado de trabalho do universo de projetos visuais é muito diversificado, podendo muitas vezes ser complexo e competitivo, mas não desanime. O essencial para entrar nesse mercado é construir um portfólio. No início, é um pouco mais complicado conseguir trabalhos para criá-lo, então você pode começar construindo projetos fictícios; desse modo, você treina e aprimora suas habilidades ao mesmo tempo que cria material para construir um portfólio consistente.

Quanto mais trabalhos você realizar, mais conseguirá identificar quais as áreas que você mais aprecia e tem mais facilidade e quais não aprecia tanto, e, aos poucos, o seu trabalho irá se aperfeiçoando. Durante o processo de produção de cada projeto, surgirão particularidades que vão exigir soluções específicas, adaptadas às necessidades do projeto em questão; são momentos como esses que permitirão que você pratique suas habilidades e que lhe darão experiência.

Portanto, coloque seus conhecimentos em prática! Faça exercícios com marcas fictícias ou utilize o briefing fornecido neste capítulo como referência. O importante é se dedicar à prática e ao aprimoramento constante. Lembre-se de que a prática é essencial para o desenvolvimento de suas habilidades. Com dedicação e perseverança, você estará preparado para enfrentar desafios cada vez maiores em sua jornada criativa.

Desejamos a você muito sucesso em sua jornada!

Referências

ADG BRASIL. **O valor do design**. 2. ed. São Paulo: Senac São Paulo/ADG Brasil, 2003.

ADOBE FONTS. Página inicial. **Adobe Fonts**, [s. d.]. Disponível em: https://fonts.adobe.com/. Acesso em: 3 abr. 2024.

AGÊNCIA BRASÍLIA. Memorial dos Povos Indígenas abrigará programa de trocas culturais. **Wikimedia Commons**, 22 out. 2015. Disponível em: https://commons.wikimedia.org/wiki/File:Memorial_dos_Povos_Ind%C3%ADgenas_abrigar%C3%A1_programa_de_trocas_culturais_(22271335518).jpg. Acesso em: 29 fev. 2024.

ASSOCIAÇÃO DOS DESIGNERS GRÁFICOS DO DISTRITO FEDERAL (ADEGRAF). Publicações. **Adegraf**, [s. d.]. Disponível em: http://www.adegraf.org.br/a-adegraf/publicacoes/. Acesso em: 6 mar. 2024.

BARROS, Lilian Ried Miller. **A cor no processo criativo**: um estudo sobre a Bauhaus e a teoria de Goethe. 4. ed. São Paulo: Senac São Paulo, 2006.

BRASIL. Lei n. 9.610, de 19 de fevereiro de 1998. Altera, atualiza e consolida a legislação sobre direitos autorais e dá outras providências. **Diário Oficial da União**, Brasília, DF, 20 fevereiro de 1998.

CAPLIN, Steve; BANKS, Adam. **O essencial da ilustração**. São Paulo: Senac São Paulo, 2012.

DADEROT. Burian urn, AD 1000-1250, Marajoara culture – AMNH. **Wikimedia Commons**, 2 abr. 2012. Disponível em: https://commons.wikimedia.org/wiki/File:Burian_urn,_AD_1000-1250,_Marajoara_culture_-_AMNH_-_DSC06177_b.jpg. Acesso em: 29 fev. 2024.

DALBERA. 1965 Mondrian dress by Yves Saint Laurent et Pier Mondrian. **Wikimedia Commmons**, 9 fev. 2022. Disponível em: https://commons.wikimedia.org/wiki/File:1965_Mondrian_dress_by_Yves_Saint_Laurent_et_Pier_Mondrian_(Mus%C3%A9e_national_d%27art_moderne,_Paris).jpg. Acesso em: 29 fev. 2024.

DASTKARI HAAT SAMITI. The styles and possibilities of Madhubani art. **Google Arts & Culture**, [s. d.]. Disponível em: https://artsandculture.google.com/story/the-styles-and-possibilities-of-madhubani-art-dastkari-haat-samiti/lgVRrh-k69BFLw?hl=en. Acesso em: 31 jan. 2024.

DE LUCCA, Marisa. **A produção gráfica e seu papel na comunicação**. São Paulo: Senac São Paulo, 2022.

DELECAVE, Bruno. Cor: luz ou pigmento? **InVivo**, 29 nov. 2021. Disponível em: https://www.invivo.fiocruz.br/cienciaetecnologia/cor-luz-ou-pigmento/. Acesso em: 20 dez. 2023.

FRIDA. Direção: Julie Taymor. Produção: Ann Ruark, Sarah Green, Salma Hayek, Roberto Sneider. Estados Unidos/México/Canadá: Ventanarosa/Lions Gate Films, 2002. Filme (123 min.).

GUERRA, Fabiana; TERCE, Mirela. **Design digital**: conceitos e aplicações para websites, animações, vídeos e webgames. São Paulo: Senac São Paulo, 2020.

HAYASAKA, Eli Kazuyuki. Amácio no Centro. **Wikimedia Commons**, 14 abr. 2011. Disponível em: https://commons.wikimedia.org/wiki/File:Am%C3%A1cio_no_Centro_(5621117491).jpg. Acesso em: 27 maio 2024.

HERNANDEZ, Wilfredo Rafael Rodriguez. A Brazilian family in Rio de Janeiro by Jean-Baptiste Debret 1839. **Wikimedia Commons**, [s. d.]. Disponível em: https://pt.m.wikipedia.org/wiki/Ficheiro:A_Brazilian_family_in_Rio_de_Janeiro_by_Jean-Baptiste_Debret_1839.jpg. Acesso em: 27 maio 2024.

INSTITUTO MOREIRA SALLES (IMS). Por dentro dos acervos: imagens para todos. **IMS**, 22 mar. 2023. Disponível em: https://ims.com.br/por-dentro-acervos/ims-disponibiliza-download-imagens-dominio-publico/. Acesso em: 5 mar. 2024.

LIBRARY OF CONGRESS. Great Wave of Kanagawa. **Wikimedia Commons**, [s. d.]. Disponível em: https://commons.wikimedia.org/wiki/File:Great_Wave_off_Kanagawa.jpg. Acesso em: 1 mar. 2024.

LUISK79. Amácio Mazzaropi. **Wikimedia Commons**, 19 jun. 2016. Disponível em: https://commons.wikimedia.org/wiki/File:Mazzaropi-Am%C3%A1cio.jpg. Acesso em: 27 maio 2024.

LUPTON, Ellen. **Pensar com tipos**: guia para designers, escritores, editores e estudantes. São Paulo: Editorial Gustavo Gili, 2020.

MIRANDA, Daniel; GRISI, Rafael; LODOVICI, Sinuê. **Geometria analítica e vetorial**, versão 9. Santo André: Universidade Federal do ABC, 2015.

MUNHOZ, Daniella. **Manual de identidade visual**: guia para construção de manuais. 2. ed. Rio de Janeiro: 2AB Editora, 2013.

MUSEU MAZZAROPI. Roda Gigante – Museu Mazzaropi. **Wikimedia Commons**, 6 jun. 2012. Disponível em: https://commons.wikimedia.org/wiki/File:Roda_Gigante_-_Museu_Mazzaropi.jpg. Acesso em: 27 maio 2024.

NEVES, Patrícia Silveira. **Esquemas cromáticos aplicados em ambientes internos**: uma ênfase na simulação computacional. 2000. Dissertação (Mestrado) – Universidade Federal de Santa Catarina (UFSC), Florianópolis, 2000.

NOSFERATU: EINE SYMPHONIE DES GRAUENS. Direção: F. W. Murnau. Produção: Enrico Dieckmann, Albin Grau. Alemanha: Prana-Film GmbH, 1922. Filme (94 min.).

O GABINETE DO DR. CALIGARI. Direção: Robert Wiene. Produção: Erich Pommer. Alemanha: Decla-Bioscop, 1920. Filme (71 min.).

OHTAKE, Ricardo. O que é ser designer gráfico hoje. *In*: ADG BRASIL. **O valor do design**. São Paulo: Senac São Paulo/ADG Brasil, 2003, p. 17-20.

PEDROSA, Israel. **Da cor à cor inexistente**. São Paulo: Senac São Paulo, 2022.

PHILLIPS, Peter L. **Briefing**: a gestão do projeto de design. São Paulo: Blucher, 2015.

VAZ, Vitor Hugo da Silva; VITAL BRAZIL, Osiris Ashton; PAIXÃO, Ana Eleonora Almeida. Propriedade intelectual do soro antiofídico: a efetividade a partir da correlação entre os investimentos do governo federal nos principais institutos responsáveis pela produção do soro e realização de pesquisas para o tratamento de acidentes ofídicos no Brasil, com relação ao número de vítimas fatais dos acidentes. **Cadernos Saúde Coletiva**, v. 28, n. 3, 2020.

VIER, Marcelo Fabiano. **Protótipo de um sistema de captura de imagens de câmera CCD monocromática e transferência para um monitor de vídeo, implementado em arquitetura reconfigurável**. 2010. Trabalho de Conclusão de Curso (Graduação) – Instituto de Ciências Exatas e Tecnológicas (ICET), Universidade Feevale, Novo Hamburgo, 2010.

VIGNA, Carolina. **Ilustração digital**. São Paulo: Senac, 2023.

VRSOOO. Arco da Inovação (São José dos Campos, Brazil). **Wikimedia Commons**, 18 ago. 2021. Disponível em: https://commons.wikimedia.org/wiki/File:Arco_da_Inova%C3%A7%C3%A3o_(S%C3%A3o_Jos%C3%A9_dos_Campos,_Brazil).jpg. Acesso em: 27 maio 2024.

WORLD HEALTH ORGANIZATION (WHO). **World Health Organization Model List of Essential Medicines**. Genebra: WHO, 2019. Disponível em: https://iris.who.int/bitstream/handle/10665/325771/WHO-MVP-EMP-IAU-2019.06-eng.pdf. Acesso em: 15 jan. 2024.

Sobre os autores

Anderson Rodrigues tem graduação em ciências da computação pela Universidade do Oeste Paulista (Unoeste), graduação em andamento em arquitetura pela UniFatecie, pós-graduação em mídias interativas e gestão de projetos – PMI pelo Senac São Paulo, e certificado Autodesk. É docente de computação gráfica no Senac Presidente Prudente, atuando principalmente nas áreas de produção gráfica, maquete eletrônica e produção e edição de vídeo, e é o autor do capítulo 3 desta obra.

Bárbara Jacqueline Soares Milano tem graduação em artes visuais pelo Instituto de Artes Visuais da Universidade Estadual Paulista "Júlio de Mesquita Filho" (IA-Unesp) e mestrado em artes pela mesma instituição. É pesquisadora em arte e tecnologia nos grupos de pesquisa ciência/Arte/tecnologia (cAt) e Grupo Internacional e Interinstitucional de Pesquisa em Convergências entre Arte, Ciência e Tecnologia (GIIP), ambos do IA-Unesp. Atua como artista visual no cruzo das linguagens – tendo participado de exposições no Brasil e exterior, incluindo passagens por instituições como Pivô, Inhotim, S&D Rubin Foundation e Kunstmuseum. É docente de computação gráfica no Senac Osasco, ministrando aulas nas áreas de produção gráfica, edição de vídeo digital e maquete eletrônica, além de cursos livres na área de fotografia, e é a autora do capítulo 1 desta obra.

Camila Lima Araújo tem formação técnica em artes visuais pela Escola Municipal de Artes Maestro Fêgo Camargo e em computação gráfica pelo Senac Taubaté, graduação em arquitetura e urbanismo pela Universidade de Taubaté (Unitau), e pós-graduação em andamento em direção de arte audiovisual pelo Senac Lapa Scipião. É docente de computação gráfica no Senac São José dos Campos, atuando principalmente nas áreas de produção gráfica e produção e edição de vídeo digital, e é a autora do capítulo 4 desta obra.

Thiago Ferreira Negretti tem graduação em design gráfico pela Faculdade de Administração e Artes de Limeira (Faal), e experiência profissional em agências de publicidade e produtoras audiovisuais. Possui trabalhos publicados na revista digital *DOT*, conteúdos compartilhados na página da Adobe Brasil e foi palestrante da Photoshop Conference. É docente de computação gráfica no Senac Rio Claro, criador de conteúdo para o mercado criativo, e o autor do capítulo 2 desta obra.